KREIS- UND GEMEINDEWAPPEN
IN BADEN-WÜRTTEMBERG

KREIS- UND GEMEINDEWAPPEN IN BADEN-WÜRTTEMBERG

Herausgegeben
von der Landesarchivdirektion
Baden-Württemberg

Band 4

1987
Konrad Theiss Verlag Stuttgart

DIE KREIS- UND GEMEINDEWAPPEN IM REGIERUNGSBEZIRK TÜBINGEN

Bearbeitet von
Heinz Bardua

1987
Konrad Theiss Verlag Stuttgart

CIP-Kurztitelaufnahme der Deutschen Bibliothek

Kreis- und Gemeindewappen in Baden-Württemberg /
hrsg. von d. Landesarchivdir. Baden-Württemberg.
– Stuttgart : Theiss

NE: Baden-Württemberg / Landesarchivdirektion
Bd. 4 Bardua, Heinz: Die Kreis- und
Gemeindewappen im Regierungsbezirk Tübingen. –
1987

Bardua, Heinz:
Die Kreis- und Gemeindewappen im Regierungsbezirk
Tübingen / bearb. von Heinz Bardua. – Stuttgart :
Theiss, 1987.
  (Kreis- und Gemeindewappen in Baden-
  Württemberg ; Bd. 4)
  ISBN 3-8062-0804-2

Alle Rechte vorbehalten
© 1987 Landesarchivdirektion Baden-Württemberg, Stuttgart

Kommissionsverlag: Konrad Theiss, Stuttgart
Wappenzeichnungen: Hellmut G. Bomm, Backnang
Gesamtherstellung: Calwer Druckzentrum GmbH, Calw
Printed in Germany

INHALT

Vorwort 7

Einführung von Eberhard Gönner 9

Die Wappen der Stadt- und Landkreise 15

Die Wappen der Gemeinden 27

Kreisindex 115

Literatur 123

VORWORT

Dem ersten Band des kommunalen Wappenwerks von Baden-Württemberg folgt in kurzem zeitlichen Abstand der Band 4 dieser Reihe. Er enthält die Kreis- und Gemeindewappen des Regierungsbezirks Tübingen. Eine Gemeinsamkeit dieser beiden Bände besteht in der Person des Bearbeiters, des Oberamtsrats a. D. Heinz Bardua, der bis zu seiner Zurruhesetzung am 1. August 1986 im Hauptstaatsarchiv Stuttgart als Sachbearbeiter für die Beratung in Fragen des kommunalen Wappenwesens der Regierungsbezirke Stuttgart und Tübingen zuständig war. Ihm sei für die sachkundige Arbeit auch an diesem Band ebenso gedankt wie meinem Amtsvorgänger, Herrn Präsident a. D. Professor Dr. Eberhard Gönner, der sich wiederum persönlich stark engagiert hat.

Da die Kreis- und Gemeindewappen vielfach heraldische Zeichen früherer weltlicher und geistlicher Herrschaften enthalten, spiegeln sie in ihrer Gesamtheit einstige Besitz- und Territorialverhältnisse wider. Das gilt auch für den Bereich des Regierungsbezirks Tübingen. So erinnert die Hirschstange an die Zugehörigkeit zum Herzogtum Württemberg, der von Silber und Schwarz gevierte Schild an die hohenzollerische Vergangenheit. Zeichen aus den Wappen der Pfalzgrafen von Tübingen oder der Grafen von Veringen, von Hohenberg, von Werdenberg und von Helfenstein weisen auf mittelalterliche Herrschaftsverhältnisse hin. Heraldisch festgehalten sind in den Kreis- und Gemeindewappen dieses Gebietes auch der einstige österreichische Besitz, die zahlreichen Reichsstädte, die kleinen Herrschaften der Reichsritterschaft und der bedeutende Besitz der Klöster. In keinem Regierungsbezirk des Landes Baden-Württemberg sind so viele Wappenbriefe von Kaisern und Hofpfalzgrafen für Städte und Dörfer aus der Zeit vom 15. bis 17. Jahrhundert erhalten wie im Regierungsbezirk Tübingen. Sie haben auch heute noch für die Gemeinden einen hohen Traditionswert.

Die Kreis- und Gemeindereform hat auch in diesem Regierungsbezirk zu einer großen Zahl von neuen Kreis- und Gemeindewappen geführt. Im Regierungsbezirk Tübingen kam es in den Jahren 1970 bis 1985 zu 170 Wappen- und Flaggenverleihungen. Beim weitaus größten Teil dieser Wappen handelt es sich um Neuschöpfungen. Da Wappen als bildhafte Zeichen der Kontinuität und geschichtlicher Tradition eine lange Lebensdauer haben sollen, war die Archivverwaltung auch in diesen Fällen um eine gute heraldische Gestaltung bemüht. So darf gehofft werden, daß auch diese neuen Wappen Bestand haben werden und daß sich auch die kommenden Generationen in ihnen repräsentiert sehen.

Stuttgart, im Januar 1987

Dr. Gregor Richter
Präsident der Landesarchivdirektion
Baden-Württemberg

EINFÜHRUNG
Von Eberhard Gönner

Seit den Jahren nach dem Zweiten Weltkrieg erleben wir eine erstaunliche Blüte der kommunalen Heraldik. Das ist um so merkwürdiger, als ihr vorher kein vergleichbares Interesse entgegengebracht worden ist. Ja, man hatte sie als ein Relikt aus der feudalen Welt des Mittelalters bereits totgesagt. Das Ende der deutschen Monarchien und damit auch der Adelsvorrechte schien die Lebenskraft der Heraldik gebrochen zu haben. Die Tendenz zur Uniformität in den Jahren der nationalsozialistischen Herrschaft war der Entwicklung der Gemeinde- und der Kreiswappen auch nicht förderlich. So war in der Vorbemerkung des Westfälischen Ortswappenbuches vom Jahre 1940 das pessimistische Fazit zu lesen: „Der Inhalt des Werkes gehört nach mehr als einer Richtung einer abgelaufenen geschichtlichen Epoche an und einer geistigen Welt, die nicht mehr unsere Welt ist."

Aber es kam anders. Nach dem Zweiten Weltkrieg zeigten die Gemeinden und die Kreise ein auffallend reges Interesse an eigenen Wappen. Gemeinden, die jahrhundertelang ohne ein heraldisches Kennzeichen ausgekommen waren, bemühten sich nun darum. Und die Kreise, die sich bisher nur vereinzelt um Wappen gekümmert hatten, wurden von dieser Welle mit erfaßt. Es wäre zu oberflächlich, diesen kommunalen Wappenaufschwung als Ausdruck gewisser, im Äußerlichen verbliebenen restaurativen Tendenzen dieser Zeit zu deuten. Gewiß spielte dabei ein Traditionsbedürfnis mit, der Wunsch, ein neues Band zwischen einst und jetzt zu weben. Die entscheidenden Gründe dieser Wappenfreudigkeit sind aber wohl zunächst in dem neuen kommunalen Selbstbewußtsein zu suchen. Die Erweiterung der Selbstverwaltung und die daraus entwickelte Eigenständigkeit der Gemeinden und Kreise haben vielfach das Bedürfnis geweckt, das Gemeinwesen nach außen hin mit einem individuellen, charakteristischen Zeichen vorzustellen. Das Wappen ist ein Mittel der Repräsentation. Als Zeichen der Zusammengehörigkeit hat es eine integrierende Wirkung. Nicht selten ging die Initiative zur Annahme eines Gemeindewappens von Vereinen aus, die beim Auftreten in anderen Orten ihre Herkunft mit einem unverwechselbaren Zeichen deutlich machen wollten. Als Kennzeichen erscheint das Wappen auf den Briefköpfen der Gemeinden und Kreise, auf den Siegeln, an den kommunalen Einrichtungen und Dienststellen, an den Fahrzeugen der Gemeinden und der Kreise und auf der Gemeinde-Dienstflagge.

In ihrer Einfachheit und Klarheit haben die Wappen auch eine werbende Wirkung, die für den Fremdenverkehr eingesetzt werden kann. Es hat sich erwiesen, daß die Bildersprache der Heraldik, obwohl sie der Welt des Mittelalters entstammt, durchaus imstande ist, auch den modernen Menschen anzusprechen. Das Geheimnis ihrer Lebenskraft liegt in ihrer Fähigkeit, aussagekräftige Zeichen zu liefern.

Plan eines Wappenbuchs

Schon wenige Jahre nach der Bildung des Landes Baden-Württemberg (1952) faßte der Leiter der Staatlichen Archivverwaltung, Staatsarchivdirektor D. Dr. Max Miller, den Plan eines kommunalen Wappenbuches für das neue Bundesland. Das im Jahre 1956 erschienene Hessische Ortswappenbuch hatte dazu wohl den letzten Anstoß gegeben. Doch dem Vorhaben stand entgegen, daß viele Gemeinden kein eigenes Wappen besaßen und daß die meisten Landkreise noch kein Wappen führten. Als aussichtsreicher hat sich daher die Veröffentlichung von Kreiswappenbüchern erwiesen, von denen die Staatliche Archivverwaltung von 1958 bis 1972 fünfzehn Bände herausgab. In der Mitte der sechziger Jahre war abzusehen, daß bald alle Gemeinden und Kreise mit einem Wappen versehen sein würden und damit die Voraussetzung eines kommunalen Wappenbuches von Baden-Württemberg gegeben wäre. Doch die am Ende der sechziger Jahre einsetzende Gemeindereform und die Kreisreform vom 1. Januar 1973 veränderten die Wappenlandschaft grundlegend. Bei Eingemeindungen, Gemeindezusammenschlüssen und der Kreisreform verloren viele Gemeindewappen und Kreiswappen ihre Gültigkeit. Andererseits verlangten die zahlreichen neugeschaffenen oder vergrößerten Kreise und Gemeinden nach neuen Wappen. Die Aktion der Neuannahmen ist inzwischen abgeschlossen. Es führen nunmehr sämtliche Kreise und fast alle Gemeinden des Landes ein Wappen, so daß ein kommunales Wappenwerk in Angriff genommen werden kann.

Anlage des Wappenwerkes

Diese Wappenpublikation enthält die derzeit gültigen Kreis- und Gemeindewappen des Landes Baden-Württemberg in vier Bänden, wobei jeder Band einen Regierungsbezirk umfaßt. In jedem Band sind die Kreiswappen und anschließend die Gemeindewappen in alphabetischer Reihenfolge aufgeführt. Die Abbildung und Beschreibung von weit über tausend Wappen erforderte eine gewisse Einheitlichkeit in der Form der Wappenabbildungen, der heraldischen Terminologie und der Anordnung der Texte. Diese setzen sich aus der Beschreibung des Wappens und der Flagge, aus Angaben zur Geschichte und Deutung des Wappens und gegebenenfalls dem Datum der Verleihung zusammen. Die notwendige Begrenzung der Texte auf den Raum neben den Abbildungen der Gemeindewappen zwang oft zu einer starken Raffung der heraldischen Fakten.

Auf die Einbeziehung der seit der Gemeinde- und der Kreisreform nicht mehr bestehenden Wappen wurde verzichtet, um die Aktualität und Übersichtlichkeit dieser Veröffentlichung nicht zu gefährden.

Mit dem beigefügten Kreisindex sollen die Zusammenhänge innerhalb der einzelnen Kreise zur Geltung kommen. In ihm sind außer den derzeitigen Gemeinden auch die Orte aufgeführt, die bei der Gemeindereform ihre Selbständigkeit verloren haben.

Das Gesamtwerk wird durch einen fünften Band abgeschlossen, der einen historischen Überblick über die kommunale Heraldik in Baden-Württemberg geben wird. In ihm sollen die unzähligen Einzelangaben der vorangegangenen vier Bände in größere Zusammenhänge gestellt werden.

Wappen – amtliche Kennzeichen und kulturgeschichtliches Phänomen

Dieses Wappenwerk richtet sich an alle, die sich amtlich oder privat mit kommunaler Heraldik befassen. Den Dienststellen der Landkreise und der Gemeinden liefert es zuverlässige Angaben über die Gestalt, die Geschichte und die Deutung des Wappens – bei Gemeinden auch der Flagge – sowie über die rechtlichen Fragen. Darüber hinaus werden mit diesen Bänden alle diejenigen angesprochen, die sich mit Ortsgeschichte und Heimatkunde, mit Landesgeschichte und Kulturgeschichte in weitem Sinne beschäftigen. Da die Städte in der Regel seit ihrer Gründung ein Wappen führen und auch viele Dorfgemeinden ihre heraldische Tradition einige Jahrhunderte zurückverfolgen können, liegen ortsgeschichtliche Aussagen dieser Wappen auf der Hand. Der Landeshistoriker findet in ihnen oft territorialgeschichtliche Bezüge. So weisen die badischen, württembergischen, pfälzischen, österreichischen und viele andere Figuren von Herrschaftswappen auf frühere Zusammenhänge. Würde man die Ortswappen, die alte Herrschaftszeichen enthalten, auf eine Landkarte stecken, könnte man die einstigen Territorialbereiche heraldisch sichtbar machen.

Die Gemeindereform hat freilich die Wappenlandschaft stark verändert und Kontinuitäten abgebrochen. Bei der Festlegung der neuen Wappen wurde jedoch mit Erfolg versucht, den Verlust an heraldischer und historischer Substanz möglichst klein zu halten, indem erhaltenswerte heraldische Figuren in die Neuschöpfungen hinübergerettet wurden.

In vielen Gemeindewappen liefern Heiligendarstellungen oder deren Attribute Stoff für kirchengeschichtliche Forschungen, insbesondere für die Patrozinienkunde. Eine reiche Quelle für die Volkskunde sind die Ortswappen mit Fleckenzeichen und redenden Figuren.

Daß sich diese Publikation ganz besonders an die Freunde der Heraldik und der Siegelkunde wendet, braucht nicht begründet zu werden. Für sie kann das Werk eine Grundlage für weitere Forschungen sein. Die ältesten Darstellungen der Gemeindewappen sind in der Regel auf den Gemeindesiegeln überliefert. Doch muß dabei bedacht werden, daß nicht jedes alte Siegelbild mit einem Wappen gleichzusetzen ist. Es besteht ein grundsätzlicher Unterschied zwischen Wappen und Siegel: Die Siegel sind ein rechtlich wirksames Beglaubigungs- und Beweismittel, während den Wappen die Eigenschaft von Eigentums- und Erkennungszeichen zukommt. Diese Erkenntnis hat sich erst in den fünfziger Jahren unseres Jahrhunderts durchgesetzt. Für die moderne Kommunalheraldik gilt diese Unterscheidung nicht mehr: Wappenbild und Siegelbild sind identisch.

Schließlich sind die alten Gemeindewappen ein lohnendes Betätigungsfeld für Symbolforscher. So manches Wappen ist ein lehrreiches Beispiel für die Verdichtung von Geschichte in symbolischen Zeichen.

Mit dem Begriff „Wappen" ist die Vorstellung von Tradition, Dauerhaftigkeit und Kontinuität verbunden. Doch muß bei den Gemeindewappen unterschieden werden, ob der Wappeninhalt „original" ist, d. h. den geschichtlichen Verhältnissen der Entstehungszeit entspricht, oder ob er im Rückgriff auf nicht mehr aktuelle Zeichen in historisierender Weise geschaffen worden ist. Im ersten Fall ist das Wappen eine Geschichtsquelle, im zweiten ein historisches Erinnerungszeichen. Bei Neuschöpfungen erfreut sich das historisierende Gemeindewappen seit dem 19. Jahrhundert so großer Beliebtheit, daß der Eindruck entstehen konnte, nur dem geschichtlich motivierten Wappen komme ein heraldischer Wert zu. So sind von den nach der Gemeindereform und der Kreisreform neu geschaffenen Wappen rund zwei Drittel auf historischer Grundlage gestaltet worden. Wenn es auch selbstverständlich legitim ist, bei der Festlegung neuer Wappen auf alte historische Zeichen zurückzugreifen, so soll doch darauf hingewiesen werden, daß diese Art von Wappen nur eine der bestehenden Möglichkeiten darstellt. Wappen mit Motiven aus der Natur (geographische Verhältnisse, Tiere, Pflanzen) oder der Wirtschaft sind heraldisch nicht geringwertiger als historisierende Schöpfungen.

Für weitere Forschungen gibt das Literaturverzeichnis am Ende der Einleitung eine Auswahl von heraldischen Veröffentlichungen. Literatur zu einzelnen Ortswappen kann in den dort genannten Bibliographien gefunden werden.

Kommunales Wappenrecht

Als im Laufe des 19. Jahrhunderts Gemeinden in wachsendem Maße ein eigenes Wappen wünschten, begann der Staat, auf das Wappenwesen der Gemeinden Einfluß zu nehmen. Im Großherzogtum Baden beauftragte das Innenministerium im Jahre 1895 das Generallandesarchiv mit der Beratung der Gemeinden bei der Neuannahme von Wappen. Im Königreich Württemberg befaßte sich seit 1906 die Archivdirektion mit der Gemeindeheraldik. Ein Erlaß des württembergischen Innenministeriums vom 19. Oktober 1933 schrieb den Gemeinden vor, die Annahme oder Abänderung eines Wappens der Aufsichtsbehörde unter Nachweis der Zustimmung der Archivdirektion anzuzeigen. Die Deutsche Gemeindeordnung (DGO) vom 30. Januar 1935 machte aus der Wappenannahme einen staatlichen Verleihungsakt. Die DGO ist für Baden und

Württemberg die wichtigste Zäsur in der Gemeindeheraldik. Alle Wappen und Flaggen, die vor diesem Zeitpunkt angenommen worden waren, galten als zu Recht bestehend weiter. Für Neuannahmen war die staatliche Verleihung – damals durch den Reichsstatthalter – erforderlich. Nach einem Runderlaß des Reichs- und Preußischen Ministers des Innern vom 20. März 1937 mußten die Gemeinden ohne eigenes Wappen das Hoheitszeichen des Reichs auf ihren Siegeln führen.

Die Rechtsgrundlage der DGO ist nach dem Zweiten Weltkrieg von den drei Ländern im deutschen Südwesten nicht verlassen worden. Die Gemeindeordnung (GO) des neuen Bundeslandes Baden-Württemberg vom 25. Juli 1955 bestätigte das Recht der Gemeinden auf ihre bisherigen Wappen und Flaggen, legte die Zuständigkeit des Innenministeriums für Neuverleihungen von Wappen und Flaggen fest und bestimmte, daß die Wappen auf den Dienstsiegeln geführt werden. Beim Fehlen eines eigenen Wappens hatten die Gemeindesiegel das kleine Landeswappen zu zeigen.

Die Erste Verordnung des Innenministeriums zur Durchführung der GO vom 31. Oktober 1955 verpflichtete die Gemeinden, den Wappenanträgen eine Stellungnahme der staatlichen Archivbehörde beizufügen, und machte die Verleihung einer Flagge vom Vorhandensein eines rechtsgültigen Wappens abhängig. Die Flagge könne nicht mehr als zwei Farben haben, die den Wappenfarben entsprechen sollen. Weitere Einzelheiten legte der Erste Runderlaß des Innenministeriums über die Ausführung der GO vom 15. November 1955 fest: „Neue Wappen der Gemeinden sollen schlicht, einprägsam und in wenig Felder geteilt sein. Sie dürfen in Form und Anlage nicht gegen die Regeln der Wappenkunde verstoßen. In heraldischen, historischen und künstlerischen Fragen sind die Stellungnahmen der zuständigen staatlichen Archivbehörden zu berücksichtigen." Ferner wurde dort die Farbanordnung bei den Flaggen geregelt: Die erste Farbe wird vom Schildbild, die zweite vom Schildgrund abgeleitet. Schließlich ist in diesem Runderlaß der Unterschied zwischen Gemeindeflagge, die jeder Bürger zeigen kann, und Gemeindedienstflagge (mit aufgesetztem Gemeindewappen), die nur von der Gemeinde geführt werden darf, klargestellt worden.

Für die Beratung der Gemeinden in Fragen des Wappens und der Flagge waren das Hauptstaatsarchiv Stuttgart für die Regierungsbezirke Nordwürttemberg und Südwürttemberg-Hohenzollern (ab 1973 Regierungsbezirke Stuttgart und Tübingen) und das Generallandesarchiv Karlsruhe für die Regierungsbezirke Nordbaden und Südbaden (ab 1973 Regierungsbezirke Karlsruhe und Freiburg) zuständig.

In der Verleihungspraxis traten seit dem Jahre 1975 folgende Änderungen ein:
– die Zuständigkeit für die Verleihung neuer Wappen und Flaggen wurde durch eine Änderung der GO vom 4. November 1975 auf die Rechtsaufsichtsbehörde übertragen. Die Gemeindewappen und -flaggen werden seither von den Landratsämtern verliehen; für die Stadtkreise und Großen Kreisstädte sind die Regierungspräsidien zuständig;
– die gutachtliche Stellungnahme zu Anträgen auf Verleihung von Wappen und Flaggen wird seit dem 14. April 1977 von der Landesarchivdirektion abgegeben;
– in den Urkunden über die Verleihung von Wappen und Flaggen sind die in den Stellungnahmen der Archivbehörde (Landesarchivdirektion) enthaltenen Beschreibungen zu verwenden (Verwaltungsvorschrift des Innenministeriums zur GO vom 1. Dezember 1985).

Für die Landkreise legte die Landkreisordnung für Baden-Württemberg vom 10. Oktober 1955 die Wappenführung fest. Das Verleihungsrecht lag wie bei den Gemeindewappen beim Innenministerium. Landkreise, die kein eigenes Wappen führen, zeigen das kleine Landeswappen in den Dienstsiegeln. Seit der gesetzlichen Änderung vom 4. November 1975 werden die Wappen der Landkreise von der Rechtsaufsichtsbehörde, also vom Regierungspräsidium, verliehen. Die Stellungnahme zum Antrag wird von der Landesarchivdirektion abgegeben. Die Landkreisordnung erwähnt keine Flaggen.

Sowohl die Wappen und Dienstflaggen der Gemeinden wie die Wappen der Landkreise sind durch das Landesgesetz über Ordnungswidrigkeiten vom 8. Februar 1978 gegen Mißbrauch geschützt.

Geltendes kommunales Wappenrecht (Fundstellen):

Gemeindeordnung für Baden-Württemberg in der Fassung vom 16. 9. 1974 (Ges.Bl. S. 373), zuletzt geändert durch Gesetz vom 26. 11. 1974 (Ges.Bl. S. 508)
Landkreisordnung für Baden-Württemberg in der Fassung vom 21. 10. 1971 (Ges.Bl. S. 400), zuletzt geändert durch Gesetz vom 26. 11. 1974 (Ges.Bl. S. 508)
Gesetz zur Änderung der Gemeindeordnung und der Landkreisordnung, des Kommunalwahlgesetzes und des Landesbeamtengesetzes vom 4. 11. 1975 (Ges.Bl. S. 726)
Verwaltungsvorschrift des Innenministeriums zur Gemeindeordnung für Baden-Württemberg (VwV GemO) vom 1. 12. 1985 (GABl. S. 1113)
Landesgesetz über Ordnungswidrigkeiten (Landesordnungswidrigkeitengesetz – LOWiG) vom 8. 2. 1978 (Ges.Bl. S. 102).

Heraldische Grundbegriffe

Wenn sich Kreise und Gemeinden noch im 20. Jahrhundert für ihre Repräsentation der Wappen bedienen, ist das ein Beweis, daß von den Wappen eine Wirkung ausgeht, die in dieser Intensität mit keinem anderen Mittel erreicht wird. Die ungebrochene Kraft der Heraldik ist aus ihrem Festhalten an erprobten Grundsätzen zu erklären. Die Wappenkunst befolgt trotz einer gewissen Anpassung an den Stil der jeweiligen Epoche bestimmte Regeln. Ihre Beachtung verschafft den Wappen etwas Zeitloses.

Die heraldischen Grundsätze sind nur aus der Entstehung der Wappen zu verstehen. Die Verbindung des Zeichens mit dem Schild, wodurch dieses erst zum „Wappen" wird, weist auf den Ursprung der Heraldik aus dem mittelalterlichen Bewaffnungswesen hin. Gegen die Mitte des 12. Jahrhunderts wurde es im Abendland üblich, die Schilde zur Kennzeichnung der Kämpfer mit weithin sichtbaren Zeichen zu versehen. Um ihren Zweck erfüllen zu können, mußten die Zeichen einfach und farbig sein. Diese beiden Erfordernisse gehören daher zum Wesen eines Wappens.

Der Wappenbrauch hat sich rasch auch auf friedliche Bereiche ausgedehnt. Das auf einem Schild aufgetragene Bild wird zum Kennzeichen von Einzelpersonen, Familien, Korporationen, kirchlichen Institutionen und städtischen, später auch dörflichen Gemeinwesen. Das Wappenwesen geht zwar vom Adel aus, doch bleibt es nicht auf diesen beschränkt. In den folgenden Jahrhunderten hat es sich über die Bürger bis zu den Bauern ausgedehnt. Besondere Pflege erfuhr es jedoch weiterhin beim Adel, bei dem die Wappenbilder konstanter als bei Bürgern und Bauern überliefert wurden. Als Wächter über die im Laufe der Zeit in Regeln gefaßte Wappenkunst galten die Herolde, denen die Ordnung bei den Turnieren oblag. Sie verstanden sich auf die richtige Beschreibung der Wappen, eine Kunst, die die Kenntnis der heraldischen Bezeichnungen voraussetzt.

Die Wappenbeschreibung (Blasonierung) macht manchem Laien Schwierigkeiten. Es bedarf einer gewissen Schulung, um zu wissen, was „gemeine Figuren" und „Heroldsfiguren" sind, wo auf dem Wappenschild „rechts" und „links" ist, welcher Unterschied zwischen „teilen" und „spalten" besteht, wie ein Schild schräglinks geteilt wird und was „belegen" und „beheften" bedeutet. Zum Unterschied von „gemeinen Figuren", zu denen Menschen und Tiere und gegenständliche Figuren aus den verschiedenen Bereichen der Natur und des Lebens zählen, sind „Heroldsfiguren" geometrische Zeichen, Aufteilungen des Schildes durch gerade oder gebogene Linien. Die

Orientierung auf dem Wappenschild wird auf den Schildträger bezogen. Heraldisch „rechts" ist daher von vorne gesehen links. Bei einer senkrechten Teilung des Schildes spricht man von einer „Spaltung", bei einer waagrechten von einer „Teilung". Je nachdem, ob die Teilungslinie nach oben oder nach unten verschoben wird, entsteht ein „Schildhaupt" oder ein „Schildfuß". Eine Schrägteilung verläuft von heraldisch rechts oben nach heraldisch links unten. Durch eine zweimalige Teilung des Schildes entsteht ein „Balken", durch eine zweimalige Spaltung ein „Pfahl". Wird die Schildfläche geteilt und gespalten, spricht man von „geviert", wird sie in kleinere Quadrate aufgeteilt, bezeichnet man sie als „geschacht", wird sie in Rhomben aufgeteilt, nennt der Heraldiker das „gerautet" oder „geweckt" (vgl. die teckschen „Rauten" und die bayerischen „Wecken"). Eine Figur kann mit einer kleineren Figur „belegt" werden. Ragt die letztere aber weit über den Umriß der belegten Form hinaus, spricht man von „beheftet".

Zum Wappen gehören wesenhaft Farben. Ihre Zusammenstellung unterliegt heraldischen Regeln, die eine möglichst gute Wirkung der Farbflächen bezwecken. Die Faustregel lautet: „Metall" darf nicht auf „Metall", „Farbe" nicht auf „Farbe" stoßen. Dabei versteht man unter „Metall" Gold und Silber – gewöhnlich mit Gelb und Weiß wiedergegeben – und unter „Farben" die Farben Rot, Blau, Grün und Schwarz. Alle anderen Farben wie Braun, Orange, Lila, Rosa sind in der Heraldik nicht erwünscht. Eine Ausnahme ist die Fleischfarbe des Menschen, die „natürlich" dargestellt wird. Die Farbregel ist so zu verstehen, daß bei einer „metallenen" Wappenfigur der Schildgrund nicht „metallen" sein darf, sondern entweder rot, blau, grün oder schwarz sein muß. Umgekehrt kann eine „farbige" Figur nur in einem „metallenen" Schildgrund stehen. Die gleiche Regel gilt auch für die Zusammensetzung von Flaggenfarben. Dazu zwei Beispiele: die alten württembergischen Landesfarben Schwarz-Rot waren heraldisch nicht richtig, dagegen entsprechen die heutigen Landesfarben Schwarz-Gelb (Gold) der heraldischen Farbregel.

Zur Bezeichnung von Farben in Schwarz-Weiß-Darstellungen von Wappen werden seit dem Beginn des 17. Jahrhunders bestimmte Schraffuren verwendet. Rot wird durch senkrechte, Blau durch waagerechte, Grün durch schrägrechte, Schwarz durch Gitterschraffur und Gold durch Punktierung gekennzeichnet. Als Verständigungsmittel in heraldischen Werken haben diese Zeichen ihren Wert. In künstlerischen Darstellungen oder auf Stempeln dagegen wirken sie störend. Man ist deshalb in den letzten Jahren davon abgekommen, die Schraffuren in den Gemeindesiegeln und -stempeln zu verwenden, es sei denn in Fällen, wo sie zur Verdeutlichung von Heroldsbildern dienen.

Als Erkennungszeichen verlangt das Wappen eine gute Bildwirkung. Die klassische Heraldik strebt daher möglichste Einfachheit in der Gestaltung des Bildes und der Farbe an. Dieser Forderung wird der „heraldische Stil" gerecht, der aus der Vielzahl der individuellen Formen das Typische auswählt und es in stilisierter Art wiedergibt: Je einfacher das Wappen, desto größer seine Wirkung. Das Wappen mit nur einer Figur ist der Idealfall. Jede Aufteilung des Schildes und jede Anhäufung von Wappenfiguren ist eine weniger gute Lösung, die aber im Interesse der Unterscheidung von anderen Wappen oft nicht vermieden werden kann. Naturalistische Darstellungen von Tieren, Pflanzen und Gegenständen gehören nicht in Wappen, auch wenn häufig gegen diese Regel verstoßen wird. Die Wappenfigur will nicht abbilden, sondern das Wesenhafte, Typische darstellen. Die Art der Stilisierung unterliegt dem jeweiligen Zeitgeschmack und ist nicht festgelegt. Das gilt auch für die Form des Wappenschildes. Sie wechselte mit der Form des Kampfschildes vom mandelförmigen Normannenschild über den gotischen Dreieckschild bis zum Halbrundschild des ausgehenden Mittelalters. In der Neuzeit nahmen die Wappenschilde oft Formen an, die sich weit von der ursprünglichen Gestalt des Kampfschildes entfernten. Die Neubesinnung auf die Regeln echter Heraldik in unserem Jahrhundert hat sich auch auf die Schildform im Sinne einer Vereinfachung ausgewirkt. In der Gemeindeheraldik sind nur noch der Dreieckschild und der Halbrundschild üblich, wobei letzterer wegen seiner großen Fläche bevorzugt wird.

DIE WAPPEN DER STADT- UND LANDKREISE

ALB-DONAU-KREIS

ALB-DONAU-KREIS. – Wappen: In Silber (Weiß) ein doppelköpfiger schwarzer Adler, belegt mit einem gespaltenen Brustschild, darin vorne in Gold (Gelb) drei liegende schwarze Hirschstangen übereinander, hinten fünfmal von Rot und Silber (Weiß) schräg geteilt.

Im Jahre 1973 wurde der Alb-Donau-Kreis aus den früheren Kreisen Ulm und Ehingen, die fast vollständig in ihm aufgegangen sind, und dem östlichsten Teil des ehemaligen Kreises Münsingen gebildet. Er griff auf das 1954 verliehene Wappen des früheren Landkreises Ulm zurück, dessen doppelköpfiger schwarzer Adler an die einst reichsunmittelbaren Territorien im Kreisgebiet, vorab an das der freien Reichsstadt Ulm, erinnert. Zur Unterscheidung vom Reichswappen steht er auf silbernem Grund, wodurch sich die ulmischen Farben Schwarz-Silber ergeben. In seinem gespaltenen Brustschild erscheinen vorne die drei württembergischen Hirschstangen, die die altwürttembergischen Gebiete repräsentieren. Die hintere Hälfte des Brustschildes enthält das Wappen der Markgrafen von Burgau beziehungsweise der mit ihnen verwandten Grafen von Berg, die die Städte Ehingen und Schelklingen gegründet haben. Wie die Wappen dieser Städte war auch das des ehemaligen Kreises Ehingen vom Wappen der Grafen von Berg geprägt. Am 5. November 1975 hat das Innenministerium das Wappen des Alb-Donau-Kreises verliehen.

LANDKREIS BIBERACH

LANDKREIS BIBERACH. – Wappen: In gespaltenem Schild vorne in Gold (Gelb) ein rot bewehrter halber schwarzer Adler am Spalt, hinten in Rot ein mit der Krümme nach links gerichteter goldener (gelber) Abtsstab mit silbernem (weißem) Velum.

Der 1973 gebildete neue Landkreis Biberach umfaßt den größten Teil des Gebietes seines namensgleichen Vorgängers sowie Teile der ehemaligen Landkreise Saulgau, Sigmaringen und Ehingen. Er griff auf das Wappen des früheren Landkreises Biberach zurück, das auch für das neue Kreisgebiet die Herrschaftsverhältnisse der Zeit vor 1803 bildhaft zu machen vermag. Dabei steht der Reichsadler für die Reichsstädte Biberach und Buchau mit zugehörigem Territorium sowie für Besitzungen des habsburgischen Kaiserhauses, zu denen auch Riedlingen zählte, und reichsritterschaftliche Gebiete wie Mittelbiberach, Laupheim, Wilflingen. Der Abtsstab erinnert an zahlreiche Klosterherrschaften wie Ochsenhausen, Schussenried, Rot an der Rot, Buchau, Heiligkreuztal und andere. Das Wappen ist vom Innenministerium am 3. September 1973 verliehen worden.

BODENSEEKREIS

BODENSEEKREIS. – Wappen: In Blau über drei silbernen (weißen) Wellenfäden ein achtspeichiges goldenes (gelbes) Rad ohne Felgen (Mühlrad).

Der 1973 aus dem früheren Landkreis Tettnang und dem größten Teil des ehemaligen Landkreises Überlingen gebildete Bodenseekreis legte ein Wappen fest, dessen blaue Grundfarbe mit den silbernen (weißen) Wellenfäden auf den namengebenden Bodensee hinweisen soll. Das achtspeichige Rad ohne Felgen ist schon 1236 im Familienwappen der an der Nahtstelle der früheren Kreise Tettnang und Überlingen ansässig sowie beiderseits begütert gewesenen Herren von Markdorf belegt. Bei der Wahl dieses Wappens, das vom Regierungspräsidium Tübingen am 27. Februar 1976 verliehen worden ist, wollte man besonders auf die landschaftlichen und historischen Gemeinsamkeiten der Bestandteile des neuen Landkreises hinweisen. Darüber hinaus sah man in dem Rad ein Symbol für die Zusammengehörigkeit und das Zusammenwirken der Bestandteile des Kreises.

LANDKREIS RAVENSBURG

LANDKREIS RAVENSBURG. – Wappen: In Blau ein rot bewehrter und rot bezungter goldener (gelber) Löwe.

Der 1973 aus den früheren Landkreisen Ravensburg und Wangen sowie aus Teilen der früheren Landkreise Biberach und Saulgau gebildete neue Landkreis Ravensburg nahm das 1952 festgelegte Wappen seines gleichnamigen Vorgängers wieder auf. Der Löwe ist trotz abweichender Tingierung als das welfische Wappentier anzusehen. Er erinnert in erster Linie an die bis 1191 während oberschwäbische Herrschaft des Welfengeschlechts, deren Mittelpunkt zunächst Altdorf-Weingarten, später Ravensburg gewesen ist. Das Innenministerium hat dieses Wappen am 20. Januar 1975 dem neuen Landkreis Ravensburg verliehen.

LANDKREIS REUTLINGEN

LANDKREIS REUTLINGEN. – Wappen: In Grün zwei goldene (gelbe) Schrägbalken, die außen jeweils von zwei kleinen sechsstrahligen goldenen (gelben) Sternen begleitet sind; zwischen den Schrägbalken drei größere sechsstrahlige goldene (gelbe) Sterne.

Aus den größten Teilen der früheren Landkreise Münsingen und Reutlingen sowie aus Splittern der ehemaligen Landkreise Sigmaringen, Tübingen, Saulgau, Hechingen und Nürtingen wurde 1973 der neue Landkreis Reutlingen gebildet. Er entschied sich für das Wappen, das in spätmittelalterlichen Wappenbüchern die schon in vorheraldischer Zeit (1098) ausgestorbenen Grafen von Achalm repräsentiert. Da Angehörige dieses Geschlechts das Kloster Zwiefalten gegründet hatten, war es in Siegeln und Wappen dieser Abtei als Stifterwappen verwendet worden. Die Einflußsphäre der Grafen von Achalm reichte vom weiten Umland ihrer Stammburg im Nordwesten bis Zwiefalten im Südosten und deckte somit den größten Teil des heutigen Kreisgebietes ab. Dem Kreiswappen liegt die älteste bekannte Darstellung des apokryphen Achalmer Schildbildes im „Stuttgarter Wappenbuch" (1439/50) zugrunde. Am 26. August 1980 hat das Regierungspräsidium Tübingen das Wappen verliehen.

LANDKREIS SIGMARINGEN

LANDKREIS SIGMARINGEN. – Wappen: In Rot über einem erniedrigten silbernen (weißen) Balken ein schreitender goldener (gelber) Hirsch.

Der neue Landkreis Sigmaringen umfaßt außer dem Hauptteil des gleichnamigen früheren Landkreises auch Teile der ehemaligen Landkreise Saulgau, Stokkach, Überlingen und Reutlingen. Sein vom Regierungspräsidium Tübingen am 9. Juni 1978 verliehenes Wappen zeigt den goldenen Hirsch, der als das Zeichen der Grafschaft Sigmaringen gilt. Diese hatte ursprünglich – über den späteren zollerischen Herrschaftsbereich gleichen Namens hinaus – auch Gebiete in der Gegend von Pfullendorf und im Bereich des ehemaligen Landkreises Saulgau umfaßt. Der erniedrigte silberne Balken im roten Schild ist vom österreichischen Wappen abgeleitet. Er bezieht sich auf die vorderösterreichischen Gebiete, die einst an die Grafschaft Sigmaringen, die gleich der Grafschaft Veringen von Österreich zu Lehen ging, grenzten.

LANDKREIS TÜBINGEN

LANDKREIS TÜBINGEN. – Wappen: In Silber (Weiß) an einem schräg aus dem Unterrand emporkommenden schwarzen Speer eine dreilatzige rote Fahne.

Der 1973 gebildete neue Landkreis Tübingen vereinigt in sich neben dem Hauptteil vom Gebiet seines gleichnamigen Vorgängers auch Bestandteile der früheren Landkreise Horb und Reutlingen. Wie auf den Namen so griff er auch auf das Wappen des ehemaligen Landkreises Tübingen zurück. Es zeigt den dreilatzigen roten „Gonfanon", das Würdezeichen der Pfalzgrafen von Tübingen, wie er auch auf deren Reitersiegeln am Spieß flatternd zu sehen ist. Diese in etwas abgewandelter Form auch im Wappen der Kreisstadt erscheinende Figur repräsentiert das ehemalige Territorium der Pfalzgrafen im Kreisgebiet wie auch das spätere württembergische Amt bzw. Oberamt Tübingen. Während die dreilatzige rote Fahne im pfalzgräflichen und im städtischen Wappen im goldenen Schild abgebildet wird, steht sie im Landkreiswappen auf silbernem Grund. Die daraus resultierende Farbenverbindung soll an das von Silber und Rot geteilte Wappen der Grafschaft Hohenberg erinnern, zu der ein beträchtlicher Teil des Kreisgebiets, vor allem deren verwaltungsmäßiger Mittelpunkt Rottenburg am Neckar, gehört hat. Das Innenministerium hat das Wappen am 3. September 1973 verliehen.

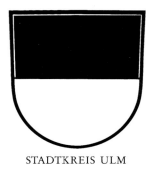

STADTKREIS ULM

STADTKREIS ULM. – Wappen: Von Schwarz und Silber (Weiß) geteilt. – Flagge: Schwarz-Weiß (Schwarz-Silber).

Die seit 1244 nachweisbaren Siegel der Reichsstadt enthalten den Reichsadler, der oben zeitweilig von einem Stern und einer Lilie begleitet ist. Der geteilte Schild als das eigentliche Stadtwappen ist seit 1351 in den Siegeln belegt, wo er zunächst in den Fängen des Adlers, später als dessen Brustschild erscheint. Mit der Mediatisierung fiel der Reichsadler weg, während das in farbigen Darstellungen seit der Mitte des 15. Jh. überlieferte von Schwarz und Silber geteilte Stadtwappen, das bisher nicht sicher gedeutet ist, weitergeführt wurde.

ZOLLERNALBKREIS

ZOLLERNALBKREIS. – Wappen: In gespaltenem Schild vorne von Silber (Weiß) und Schwarz geviert, hinten in Gold (Gelb) drei liegende schwarze Hirschstangen übereinander.

Der Zollernalbkreis wurde im Jahre 1973 aus dem früheren Landkreis Balingen, dem größten Teil des ehemaligen Landkreises Hechingen sowie kleineren Teilen der alten Landkreise Rottweil, Stockach und Sigmaringen gebildet. Abgesehen von zwei ehemals badischen Stadtteilen von Meßstetten enthält das Gebiet des neuen Landkreises nur früheres hohenzollerisches und württembergisches Territorium. Dementsprechend verbindet das gespaltene Landkreiswappen den von Silber und Schwarz gevierten Zollernschild mit dem württembergischen Stammwappen, das drei Hirschstangen enthält. Das Innenministerium hat dieses Wappen am 2. August 1974 verliehen.

DIE WAPPEN DER GEMEINDEN

ACHBERG, *Lkr. Ravensburg.* – Wappen: In Silber (Weiß) über einem mit einer silbernen (weißen) Wellenleiste belegten grünen Dreiberg ein schwarzes Kreuz mit Tatzenenden. – Flagge: Schwarz-Weiß (Schwarz-Silber).

Die Gemeinde führte vor 1968 in goldenem Schild über einem grünen Achtberg einen achtstrahligen schwarzen Stern. Diese Figuren erschienen bereits in einem um 1900 benutzten Dienstsiegel der Gemeinde, doch wurden die Farben des Wappens offenbar erst später festgelegt. Dem in der Heraldik ungewöhnlichen „Achtberg" lag ein volksetymologischer Deutungsversuch des Ortsnamens zugrunde, während der Stern wohl nur als Füllsel diente. Am 1. Januar 1969 nahm die Gemeinde das jetzige Wappen an, das durch die Darstellung des Dreiberges mit der Wellenleiste (Berg an der Ach) „redend" gemacht wird. Das schwarze Kreuz auf silbernem Grund ist das Zeichen des Deutschen Ordens, in dessen Besitz sich die Herrschaft Achberg von 1691 bis 1806 befand. Die Flaggenfarben Schwarz-Weiß erinnern zugleich an die Zugehörigkeit Achbergs zu Hohenzollern von 1806 bis 1968, zuletzt als Exklave des Landkreises Sigmaringen. Das Wappen und die Flagge wurden vom Innenministerium am 7. Oktober 1968 verliehen.

ACHBERG

ACHSTETTEN, *Lkr. Biberach.* – Wappen: In Blau ein doppelreihig von Rot und Silber (Weiß) geschachter Schrägbalken, darüber eine, darunter zwei silberne (weiße) Kugeln. – Flagge: Weiß-Blau (Silber-Blau).

Die drei silbernen Kugeln in Blau sind dem Wappen der Freiherren von Freyberg entnommen, von denen sich ein Zweig nach Achstetten nannte. Vom 14. bis in das 17. Jh. hinein traten diese als Herren und Hauptbesitzer in den Ortsteilen Achstetten und Bronnen sowie als Patronatsherren der Kirche im Ortsteil Oberholzheim auf. Umfassenden Besitz und enge historische Beziehungen zu allen drei Ortsteilen hatte auch das Zisterzienserinnenkloster Gutenzell, aus dessen Wappen der „Zisterzienserbalken" in das Gemeindewappen gelangt ist. Das Innenministerium hat am 4. Mai 1960 das Wappen und die Flagge verliehen.

ACHSTETTEN

AICHSTETTEN, *Lkr. Ravensburg.* – Wappen: In Silber (Weiß) ein kreisförmig gebogener grüner Eichenzweig mit sechs roten Eicheln. – Flagge: Grün-Weiß (Grün-Silber).

Im Jahre 1931 nahm die Gemeinde nach Beratung durch die Archivdirektion Stuttgart das auf ihren Namen bezügliche Wappen an. Die grafisch sehr ansprechende kreisförmige Biegung der Wappenfigur gewährleistet die sichere Unterscheidung von anderen Gemeindewappen mit Eichenzweigen. Das Innenministerium hat die Flagge am 30. August 1974 verliehen.

AICHSTETTEN

AITRACH

AITRACH, *Lkr. Ravensburg.* – Wappen: In Rot übereinander drei mit dem Mundstück nach links gekehrte silberne (weiße) Hifthörner mit goldenen (gelben) Fesseln. – Flagge: Weiß-Rot (Silber-Rot).

Nachdem die Dienstsiegel zuletzt eine Phantasieansicht der im Gemeindegebiet gelegenen ehemaligen Burg Marstetten gezeigt hatten, nahm die Gemeinde im Jahre 1938 das Wappen der jüngeren Grafen von Marstetten aus dem Hause Weißenhorn-Neuffen als ihr Wappen an. Die Verleihung dieses Wappens, bei dem die Mundstücke der Hörner nach rechts wiesen, nahm der damalige Reichsstatthalter in Württemberg am 16. Januar 1940 vor. Nach dem Zweiten Weltkrieg erschien wieder die erwähnte Burgansicht in den Stempeln. Im Jahre 1956 nahm die Gemeinde ihr Wappen in der durch Umkehrung der Hörner veränderten jetzigen Form wieder auf. Diese wurde vom Innenministerium am 22. Dezember 1956 bestätigt. Gleichzeitig erfolgte die Verleihung der Flagge.

ALBSTADT

ALBSTADT, Stadt, *Zollernalbkreis.* – Wappen: Unter goldenem (gelbem) Schildhaupt, darin eine rechtshin liegende schwarze Hirschstange, in Blau eine silberne (weiße) Silberdistelblüte, von der strahlenförmig sechs silberne (weiße) Distelblätter ausgehen. – Flagge: Weiß-Blau (Silber-Blau).

Die am 1. Januar 1975 durch Vereinigung der Städte Ebingen und Tailfingen gebildete Stadt Albstadt umfaßt außerdem die eingegliederten Orte Burgfelden, Laufen an der Eyach, Lautlingen, Margrethausen, Onstmettingen und Pfeffingen. Die nach der heraldischen Tradition der früheren Stadt Ebingen umgekehrte württembergische Hirschstange im Schildhaupt erinnert an die einstige Zugehörigkeit sämtlicher Stadtteile zu Württemberg. Als charakteristische Pflanze der Schwäbischen Alb bezieht sich die stilisierte Silberdistel im Wappen auf den Namen der neuen Stadt. Das Regierungspräsidium Tübingen hat das Wappen und die Flagge am 27. April 1976 verliehen.

ALLESHAUSEN

ALLESHAUSEN, *Lkr. Biberach.* – Wappen: In Rot zwei schräg gekreuzte, golden (gelb) brennende silberne (weiße) Kerzen, die Kreuzung überdeckt durch eine aus dem Unterrand wachsende goldene (gelbe) Ähre. – Flagge: Gelb-Rot (Gold-Rot).

Im Jahre 1939 wies das Dienstsiegel der Gemeinde einen nicht gedeuteten, von Gold und Rot geteilten Wappenschild auf, dessen Farben durch die üblichen Schraffuren angedeutet waren. Im goldenen Feld war überdies die württembergische Hirschstange zu sehen. Seine Verleihung ist möglicherweise durch den Ausbruch des Zweiten Weltkriegs verhindert worden. Die Kerzen im jetzigen Wappen sind das Attribut des heiligen Blasius, der seit 1479 als Patron der Kapelle des bis 1477 im Besitz des Klosters St. Blasien befindlichen Orts belegt ist. Die Ähre bezieht sich auf den landwirtschaftlichen Charakter der Gemeinde. Das Landratsamt hat das Wappen und die Flagge am 14. Mai 1981 verliehen.

ALLMANNSWEILER, *Lkr. Biberach.* – Wappen: In Grün ein durchgehendes, gegratetes goldenes (gelbes) Kreuz mit erhöhtem Balken. – Flagge: Gelb-Grün (Gold-Grün).

Das goldene Kreuz bezieht sich auf das Heilig-Kreuz-Patrozinium der Pfarrkirche in Allmannsweiler. An den von der Landwirtschaft geprägten Charakter dieser Gemeinde soll der grüne Schildgrund des Gemeindewappens erinnern. Das Landratsamt Biberach hat der Gemeinde am 23. März 1982 das Wappen samt der Flagge verliehen.

ALLMANNSWEILER

ALLMENDINGEN, *Alb-Donau-Kreis.* – Wappen: Unter blauem Schildhaupt, darin drei goldene (gelbe) Kugeln, in Silber (Weiß) ein steigendes, rot bezungtes schwarzes Roß. – Flagge: Schwarz-Weiß (Schwarz-Silber).

Von 1930 an führte die Gemeinde Dienstsiegel, deren Wappen unter silbernem, mit der schwarzen württembergischen Hirschstange belegtem Schildhaupt in Gold ein steigendes schwarzes Roß zeigten, wobei die Wappenfarben durch die üblichen Schraffuren angedeutet waren. Nach Beratungen mit der Archivdirektion Stuttgart erhielt dieses in den Farben unbefriedigende Wappen nach dem Zweiten Weltkrieg die jetzt gültigen Figuren und Farben. Dabei wurde das steigende schwarze Roß aus dem Wappen der Renner von Allmendingen in einen silbernen Schild gesetzt, während die Hirschstange im Schildhaupt durch die drei vom Wappen der Freiherrn von Freyberg – von 1657 an Ortsherren – abgeleiteten Kugeln ersetzt wurde. Das Innenministerium hat das verbesserte Wappen samt der Flagge am 26. September 1956 verliehen.

ALLMENDINGEN

ALTHEIM, *Alb-Donau-Kreis.* – Wappen: Unter silbernem (weißem) Schildhaupt, darin ein blauer Dornenbalken, drei (2:1) silberne (weiße) Kugeln. – Flagge: Weiß-Blau (Silber-Blau).

Mit Erlaubnis des Freiherrn Conrad von Freyberg beantragte die Gemeinde Altheim am 3. März 1937 beim damaligen Reichsstatthalter in Württemberg die Verleihung des unveränderten Wappens dieses seit 1528 hier begüterten Geschlechts. Obwohl diese Verleihung nicht zustande kam, verwendete die Gemeinde schon vor 1945 Briefaufdrucke mit einer Abwandlung dieses Wappens. Die drei silbernen Kugeln standen dort auf schwarzem Grund. Das Schildhaupt war golden und enthielt die schwarze württembergische Hirschstange. Erst am 24. August 1957 verlieh das Innenministerium der Gemeinde ein Wappen, das sich vom freybergischen Familienwappen nur durch den Dornenbalken im Schildhaupt unterscheidet. Dieser ist dem Wappen der Herren von Steußlingen entnommen, die den Ort im 13. Jh. besaßen. Mit dem Wappen wurde zugleich die Flagge verliehen.

ALTHEIM

ALTHEIM

ALTHEIM, *Lkr. Biberach*. – Wappen: In einem von Gold (Gelb) und Rot erhöht geteilten Schild auf grünem Boden über silbernem (weißem) Wasser ein aufgerichteter, linksgewendeter, widersehender, rot bezungter natürlicher Biber, in den Vorderpfoten einen golden (gelb) gerahmten, mit einem roten, golden (gelb) verbrämten und beschlagenen Herzogshut bekrönten roten Kartuschenschild, darin ein silberner (weißer) Balken, haltend. – Flagge: Rot-Weiß (Rot-Silber).

Kaiser Leopold hat das Wappen am 21. Januar 1681 verliehen. Der über einem „Wasser" auf grünem „Boden" stehende Biber bezieht sich auf den früheren Gemeindenamen „Altheim am Biberbach". Da der Ort – wohl zusammen mit Riedlingen – um 1300 habsburgisch geworden ist, hält der Biber den österreichischen Bindenschild mit der Herzogskrone. Unter österreichischer Vogtei standen auch die 1974 eingegliederten Orte Heiligkreuztal und Waldhausen.

ALTHEIM (ALB)

ALTHEIM (ALB), *Alb-Donau-Kreis*. – Wappen: In geteiltem Schild oben gespalten, vorne in Rot eine dreilatzige silberne (weiße) Fahne mit goldenen (gelben) Fransen, hinten von Schwarz und Silber (Weiß) geteilt, unten in Grün ein silbernes (weißes) Hifthorn (Mundstück rechts) mit goldenen (gelben) Beschlägen und goldener (gelber) Fessel. – Flagge: Weiß-Rot (Silber-Rot).

Mit Beratung durch die Archivdirektion Stuttgart legte die Gemeinde im Jahre 1931 das Wappen fest. Die dreilatzige silberne Fahne im roten Feld ist das Wappen der Grafen von Werdenberg, die das zur Herrschaft Albeck gehörende Dorf 1385 mit Kirchensatz, Widum und Zehntrechten an die Reichsstadt Ulm verkauften. Das von Schwarz und Silber geteilte Feld des Gemeindewappens erinnert an die letztere, während das Hifthorn darauf hinweisen soll, daß das reichsstädtische Amtshaus in Altheim (Alb) von 1700 an Sitz eines Ulmer Oberforstmeisters gewesen ist. Die Flagge wurde vom Landratsamt Alb-Donau-Kreis am 12. März 1981 verliehen.

ALTSHAUSEN

ALTSHAUSEN, *Lkr. Ravensburg*. – Wappen: In einem von Gold (Gelb) und Schwarz gevierten, silbern (weiß) bordierten Schild ein silbern (weiß) bordiertes schwarzes Kreuz mit Tatzenenden (Deutschordenskreuz).

Von 1268 bis 1806 bestand in Altshausen eine Kommende des Deutschen Ordens, die seit dem 15. Jh. auch Residenz des Landkomturs der Ballei Elsaß-Schwaben-Burgund war. An sie erinnert das Deutschordenskreuz in dem 1930 von der Archivdirektion Stuttgart empfohlenen und in der Folge von der Gemeinde geführten Wappen. Ein ähnliches Wappen, bei dem das Balkenkreuz jedoch wie beim Hochmeisterwappen mit einem Lilienkreuz und einem Herzschild mit dem Reichsadler belegt gewesen ist, war schon zuvor aufgrund des Gemeinderatsbeschlusses vom 19. März 1926 in die Dienstsiegel aufgenommen worden.

AMMERBUCH, *Lkr. Tübingen.* – Wappen: In Gold (Gelb) eine bewurzelte grüne Buche, der Stamm überdeckt mit einem erniedrigten blauen Wellenbalken. – Flagge: Blau-Gelb (Blau-Gold).

Durch Vereinigung der Orte Altingen, Breitenholz, Entringen, Pfäffingen, Poltringen und Reusten wurde am 1. Dezember 1971 die Gemeinde Ammerbuch gebildet. Sowohl der Gemeindename als auch die Figuren des „redenden" Wappens beziehen sich auf den Wasserlauf der Ammer und den Schönbuch, der hier ein geschlossenes Waldgebiet bildet. Das Innenministerium hat das Wappen und die Flagge am 9. September 1975 verliehen.

AMMERBUCH

AMSTETTEN, *Alb-Donau-Kreis.* – Wappen: In Silber (Weiß) das abwärts weisende schwarze Blatt einer Schäferschippe, belegt mit einem fünfspeichigen silbernen (weißen) Rad. – Flagge: Schwarz-Weiß (Schwarz-Silber).

Das Blatt einer Schäferschippe soll an die früher im Gemeindegebiet sehr verbreitete Schafzucht erinnern, während das Rad als Symbol des Verkehrs auf den nach dem Bau der Bahnlinie in deren Bereich entstandenen Ortsteil hinweisen soll, der heute den Mittelpunkt des Gemeinwesens bildet. Die Wappenfarben Schwarz und Silber sind die der Stadt Ulm, zu deren Territorium seit dem 14. beziehungsweise 15. Jh. alle Ortsteile der Gemeinde Amstetten gehört haben. Das Innenministerium hat das Wappen und die Flagge am 7. März 1958 verliehen.

AMSTETTEN

AMTZELL, *Lkr. Ravensburg.* – Wappen: In gespaltenem Schild vorne in Silber (Weiß) ein linkshin aufgerichteter, rot bewehrter und rot bezungter schwarzer Bär, hinten in Rot eine dreilatzige silberne (weiße) Fahne mit drei silbernen (weißen) Trageringen. – Flagge: Rot-Weiß (Rot-Silber).

In den Jahren nach 1930 weisen die Gemeindestempel noch eine naturalistische Darstellung des Schlosses von Amtzell auf. Das auf einem Vorschlag der Archivdirektion Stuttgart fußende Wappen wurde am 4. Mai 1939 vom damaligen Reichsstatthalter in Württemberg verliehen. Der Bär ist das Wappentier der Abtei St. Gallen. Er soll auf alten St. Galler Besitz auf der Gemarkung hinweisen. Die dreilatzige silberne Fahne ist vom Wappen der Grafen von Montfort abgeleitet. Sie erinnert an historische Beziehungen dieses Geschlechts zur Gemeinde Amtzell. Das Innenministerium hat die Flagge am 5. Januar 1972 verliehen.

AMTZELL

ARGENBÜHL

ARGENBÜHL, *Lkr. Ravensburg.* – Wappen: In Gold (Gelb) ein schwarzer Adler mit einem grünen Lindenzweig im Schnabel. – Flagge: Grün-Gelb (Grün-Gold).

Die Gemeinde ist am 1. Januar 1972 durch Vereinigung von Christazhofen, Eglofs, Eisenharz, Göttlishofen, Ratzenried und Siggen gebildet worden. Während fünf dieser ehemaligen Gemeinden erst im 20. Jh. Wappen festgelegt hatten, konnte Eglofs die Tradition seines Wappens auf das in Abdrücken seit 1474 überlieferte Siegel der „Bürger in Eglofs" zurückführen. Bei den Bürgern der nach ihrem Mittelpunkt Eglofs genannten Grafschaft handelte es sich um eine Gemeinschaft freier Leute, der König Rudolf von Habsburg 1282 Lindauer Stadtrecht verlieh. Aus diesem Grunde trägt der Reichsadler des Wappens einen Zweig der Linde, nämlich der Lindauer Wappenfigur, im Schnabel. An diese Überlieferung knüpfte die neue Gemeinde Argenbühl an, die in mancher Hinsicht als Nachfolgerin der Selbstverwaltungsorgane der auch im weiteren Umkreis ihres Teilsorts Eglofs ansässig gewesenen Freien angesehen werden kann. Das Innenministerium hat das Wappen und die Flagge am 23. Februar 1973 verliehen.

ASSELFINGEN

ASSELFINGEN, *Alb-Donau-Kreis.* – Wappen: In Silber (Weiß) ein schwarzes Fallgatter mit 5 Zähnen und 2 Querstäben (ohne Ringe und Ketten). – Flagge: Schwarz-Weiß (Schwarz-Silber).

Die Gemeinde hat im Jahre 1928 das im Siegel des Hans von Auslabingen von 1439 überlieferte Schildbild des ausgestorbenen Ortsadelsgeschlechts zum Gemeindewappen bestimmt. Da die Farben des Adelswappens nicht überliefert sind, wurden die Farben der ehemaligen Reichsstadt Ulm gewählt. Sie sollen daran erinnern, daß Ulm hier im 16. und 17. Jh. Besitz von verschiedenen Adelsfamilien und Klöstern aufgekauft und Asselfingen seiner Landeshoheit unterstellt hat. Das Landratsamt Alb-Donau-Kreis hat die Flagge am 27. Juli 1976 verliehen.

ATTENWEILER

ATTENWEILER, *Lkr. Biberach.* – Wappen: In gespaltenem Schild vorne in Gold (Gelb) ein durchgehendes rotes Kreuz mit Tatzenenden, hinten in Blau ein aufgerichteter goldener (gelber) Biber. – Flagge: Rot-Gelb (Rot-Gold).

Das Wappen der am 1. Januar 1975 durch Vereinigung dreier Orte gebildeten neuen Gemeinde Attenweiler vereinigt das „Adelindiskreuz" des Stifts Buchau, das seit 1695 die Vogtei in den jetzigen Gemeindeteilen Oggelsbeuren und Rupertshofen innehatte, mit der „redenden" Wappenfigur der ehemaligen Reichsstadt Biberach. Die letztere soll darauf hinweisen, daß das Biberacher Heilig-Geist-Spital zwischen 1347 und 1531 den größten Teil der früheren Gemeinde Attenweiler erworben hatte. Am 18. Mai 1977 verlieh das Landratsamt das Wappen und die Flagge.

AULENDORF, Stadt, *Lkr. Ravensburg.* – Wappen: Unter einem dreireihig von Rot und Gold (Gelb) mit Teilungen schräglinks gerauteten, vergrößerten Schildhaupt in Gold (Gelb) ein linkshin gewendetes schwarzes Flügelrad. – Flagge: Gelb-Schwarz (Gold-Schwarz).

Der 1950 zur Stadt erhobene ehemalige Marktflecken legte im Jahre 1930 mit Beratung durch die Archivdirektion Stuttgart sein Wappen und seine Flagge fest. Das zur Unterbringung von drei Reihen der rot-goldenen Rauten aus dem Wappen der Grafen von Königsegg vergrößerte Schildhaupt soll an die hiesige Residenz dieses Geschlechtes erinnern. Das Flügelrad weist als Symbol der Eisenbahn auf die Bedeutung Aulendorfs als Verkehrsknotenpunkt und auf den Einfluß der Eisenbahnersiedlung auf die Stadtentwicklung hin.

AULENDORF

BAD BUCHAU, Stadt, *Lkr. Biberach.* – Wappen: In Silber (Weiß) eine bewurzelte grüne Buche, deren Stamm mit einem schwimmenden natürlichen Barsch überdeckt ist. – Flagge: Schwarz-Gelb (Schwarz-Gold).

Seit dem 14. Jh. ist die „redende" Wappenfigur der Buche nebst dem auf die Lage der Stadt am Federsee hinweisenden Fisch in den Siegeln der einstigen Reichsstadt belegt. Die Stellung der beiden Wappenfiguren hat sich spätestens seit dem Anfang des 16. Jh. in der jetzt üblichen Weise durchgesetzt. Die Flaggenfarben dürften noch von dem für das Jahr 1884 nachgewiesenen von Gold und Schwarz gevierten Schildgrund des Stadtwappens herrühren.

BAD BUCHAU

BAD SCHUSSENRIED, Stadt, *Lkr. Biberach.* – Wappen: In Silber (Weiß) ein linksgewendeter, doppelschwänziger roter Löwe. – Flagge: Rot-Weiß (Rot-Silber).

Der Löwe gilt als apokryphe Wappenfigur des Ortsadels der Herren von Schussenried. Nachdem er schon im Wappen der ehemaligen Prämonstratenserabtei Schussenried als Hinweis auf die Klosterstifter enthalten gewesen war, erscheint er seit langem auch in den Gemeindesiegeln. Nach der Erhebung zur Stadt wurden im Jahre 1948 die jetzige Gestalt des Wappens und die daraus abgeleiteten Farben der Flagge vom Gemeinderat bestätigt.

BAD SCHUSSENRIED

BAD URACH

BAD URACH, Stadt, *Lkr. Reutlingen.* — Wappen: In Gold (Gelb) ein rotes Hifthorn mit blauer Fessel, das Mundstück mit je einer roten, silbernen (weißen) und blauen Feder besteckt. — Flagge: Blau-Weiß-Rot (Blau-Silber-Rot).

Das Hifthorn ist schon im frühesten bekannten Stadtsiegelabdruck von 1316 zu sehen. Seit dem 15. Jh. sind Darstellungen dieser Figur im Wappenschild belegt. Eine Zeichnung des Wappens von 1596 weist erstmals drei Federn in den Farben Rot, Silber und Blau auf. Vermutlich hat der seit der Mitte des 15. Jh. geübte Brauch, das Mundstück des Hifthorns der gräflich württembergischen Helmzier mit drei — zunächst silbernen, dann blau-silber-roten — Federn zu bestecken, bewirkt, daß auch das Uracher Hifthorn ähnlich geziert wurde.

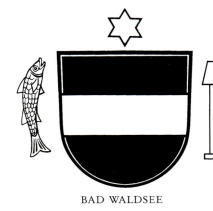

BAD WALDSEE

BAD WALDSEE, Stadt, *Lkr. Ravensburg.* — Wappen: In Schwarz ein silberner (weißer) Balken. In den Stadtsiegeln wird der Schild seit dem 16. Jh. oben von einem sechsstrahligen Stern, vorne von einem aufwärts schwimmenden Fisch, hinten von einer gestürzten Kornschaufel begleitet. — Flagge: Schwarz-Weiß (Schwarz-Silber).

Die in Abdrücken seit 1520 belegten Stadtsiegel und gemalte Darstellungen im Rathaus zeigen das Wappen des im 15. Jh. ausgestorbenen Ortsadelsgeschlechts der Herren von Waldsee, das nun als das Stadtwappen gilt. Als besondere Attribute erscheinen in den Siegeln über dem Wappenschild ein sechsstrahliger Stern und beiderseits des Schildes ein Fisch und eine Kornschaufel, die früher auch als Ruder angesprochen worden ist. In dem Stern wird ein Mariensymbol (stella maris) vermutet, während der Fisch wohl auf die Seen und ihre Fischbestände und die Kornschaufel auf die ehemals große Bedeutung der hiesigen Kornschranne hinweisen sollen.

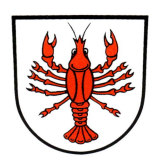

BAD WURZACH

BAD WURZACH, Stadt, *Lkr. Ravensburg.* — Wappen: In Silber (Weiß) ein aufrechter roter Krebs. — Flagge: Rot-Gelb-Blau (Rot-Gold-Blau).

Der Krebs ist schon im frühesten bekannten Stadtsiegel zu erkennen, das in einem Abdruck aus dem Jahre 1390 auf uns gekommen ist. Vermutlich bezog sich diese Wappenfigur auf den Krebsreichtum der Aach. Von 1558 an sind drei Krebse in den Stadtsiegeln nachweisbar. Diese wurden schließlich auf einem Schrägbalken hintereinander abgebildet. Da dieses Wappen wegen der Kleinheit der Krebse in den Dienstsiegeln kaum zu identifizieren war und da auch farbliche Regelwidrigkeiten dieses Wappens, das in silbernem Schild einen mit drei roten Krebsen belegten schwarzen Schrägbalken aufwies, beseitigt werden sollten, griff die Stadt wieder auf die ursprüngliche Wappenform zurück. Das Innenministerium hat das berichtete Wappen am 26. Mai 1966 verliehen, während die schon vor 1914 rechtmäßig geführte dreibahnige Flagge gültig blieb.

BAIENFURT, *Lkr. Ravensburg.* – Wappen: In Grün eine goldene (gelbe) Weberkarde (Distelkopf mit drei aufwärts und zwei abwärts gerichteten Distelblättern). – Flagge: Gelb-Grün (Gold-Grün).

In Baienfurt wurde um 1830 die Sonderkultur des Weberkarden-Anbaues betrieben. Damals benötigte die Textilindustrie diese Distelart zum Aufrauhen bestimmter Stoffe. Auf Vorschlag der Archivdirektion Stuttgart legte die Gemeinde im Jahre 1931 ein Wappen fest, das diese Besonderheit anspricht. Das Landratsamt Ravensburg hat die Flagge am 5. Mai 1982 verliehen.

BAIENFURT

BAINDT, *Lkr. Ravensburg.* – Wappen: In geviertem Schild Feld 1 und 4: in Gold (Gelb) eine rechtshin liegende gebogene schwarze Hirschstange, Feld 2 und 3: in Schwarz ein doppelreihig von Silber (Weiß) und Rot geschachter Schräglinksbalken. – Flagge: Weiß-Rot (Silber-Rot).

Das von der Gemeinde im Jahre 1930 festgelegte Wappen verbindet die umgekehrte württembergische Hirschstange als Hinweis auf die Zugehörigkeit zum Land Württemberg (seit 1806) mit dem „Zisterzienserbalken" aus dem Wappen des Ordens, dem das von 1240 bis 1802 in Baindt ansässige Frauenkloster angehörte.

BAINDT

BALINGEN, Stadt, *Zollernalbkreis.* – Wappen: Unter goldenem (gelbem) Schildhaupt, darin eine schwarze Hirschstange, von Silber (Weiß) und Schwarz geviert. – Flagge: Schwarz-Weiß-Gelb (Schwarz-Silber-Gold).

Die frühere Stadt Balingen führte ursprünglich, in Abdrücken seit 1320 belegt, das gevierte Wappen ihrer damaligen zollerischen Herrschaft in ihren Siegeln. Nachdem die Stadt 1403 württembergisch geworden war, wurde seit dem späten 15. Jh. zunächst vereinzelt eine Hirschstange als Hinweis auf die neue Herrschaft hinzugesetzt. Nach 1535 setzte sich die jetzige Gestaltung durch, die von der neuen, am 1. Januar 1975 aus einer Vereinigung der alten Stadt mit Frommern und Weilstetten hervorgegangenen Stadt Balingen, in der auch acht eingegliederte Orte aufgegangen sind, übernommen wurde. Dasselbe gilt für die seit 1922 belegte Flagge, die der neuen Stadt zusammen mit dem Wappen am 18. Juni 1975 vom Innenministerium verliehen worden ist.

BALINGEN

BALLENDORF

BALLENDORF, *Alb-Donau-Kreis*. — Wappen: In silbern (weiß) bordiertem rotem Schild eine aufwärts fliegende silberne (weiße) Taube im Visier.

Die Landesregierung hat der Gemeinde am 21. Februar 1955 das Wappen mit der Taube, die zuvor ohne Schild im 1946 verwendeten Gemeindedienstsiegel abgebildet war, verliehen. Die Taube ist nach dem Zweiten Weltkrieg als Symbol des Friedens verstanden worden. Rot und Silber waren die Wappenfarben der Markgrafen von Burgau und der Grafen von Werdenberg-Sargans, die die Herrschaft Albeck mit Ballendorf nacheinander im 13. und 14. Jh. besessen haben, bis sie 1383 an Ulm verkauft wurde.

BALZHEIM

BALZHEIM, *Alb-Donau-Kreis*. — Wappen: In Blau auf goldenem (gelbem) Dreiberg ein goldenes (gelbes) Kirchturmkreuz, oben und beiderseits mit je einer goldenen (gelben) Eichel besteckt. — Flagge: Gelb-Blau (Gold-Blau).

Die Gemeinde ist am 1. Juli 1974 aus der Vereinigung von Ober- und Unterbalzheim hervorgegangen. Als Wappenfigur wählte sie eine Darstellung des charakteristischen, mit Eicheln besteckten Kirchturmkreuzes von Unterbalzheim, wohin die Einwohner beider Gemeindeteile seit jeher eingepfarrt waren. Auf dem Dreiberg als dem heraldischen Symbol für „Berg" stehend, soll es auf die Grafschaft Kirchberg als beiden Orten gemeinsame ehemalige Herrschaft hinweisen. Das Landratsamt Alb-Donau-Kreis hat das Wappen samt der Flagge am 21. August 1979 verliehen.

BEIMERSTETTEN

BEIMERSTETTEN, *Alb-Donau-Kreis*. — Wappen: In Silber (Weiß) auf grünem Boden ein natürlicher Birnbaum mit fünf (1:2:2) natürlichen Birnen. — Flagge: Grün-Weiß (Grün-Silber).

Vor dem Zweiten Weltkrieg hat die Gemeinde Dienstsiegel beschafft, die die jetzigen Wappenfiguren in einer schildförmigen Umrahmung zeigten. Vermutlich ist es damals wegen des Kriegsausbruchs nicht mehr zur Verleihung des Wappens gekommen. Der Birnbaum macht das Wappen in bezug auf die mundartliche Aussprache des Gemeindenamens „redend". Zugleich weist er auf die für den Obstbau günstige Lage der Markung hin. Das Landratsamt Alb-Donau-Kreis hat das Wappen und die Flagge am 5. Oktober 1981 verliehen.

BERG, *Lkr. Ravensburg.* – Wappen: In Rot zwei schräg gekreuzte goldene (gelbe) Leitern. – Flagge: Gelb-Rot (Gold-Rot).

Anläßlich der Umbenennung des Schultheißenamts in Bürgermeisteramt Berg beschaffte die Gemeinde ein neues Dienstsiegel, das in einem Wappenschild eine naturalistische Abbildung der Ortskirche mit dem Pfarrhaus zeigte. Ein reguläres Gemeindewappen wurde erst im Jahre 1958 mit Beratung durch die Archivdirektion Stuttgart festgelegt. Die beiden schräg gekreuzten Leitern waren zuvor das Schildbild des im 13. und 14. Jh. belegten Adelsgeschlechts der Herren von Tobel, an deren Wasserburg noch die Bezeichnung „Burg" beim Berger Ortsteil Tobel erinnert. Die Farben wurden frei gewählt. Am 18. August 1958 verlieh das Innenministerium das Wappen und die Flagge.

BERG

BERGATREUTE, *Lkr. Ravensburg.* – Wappen: In Blau auf grünem Dreiberg drei goldene (gelbe) Ähren. – Flagge: Gelb-Blau (Gold-Blau).

Für das Jahr 1923 ist ein Farbdruckstempel der Gemeinde belegt, der in einem Wappenschild mit der für die Zeit um 1820 charakteristischen Form einen mittels Schraffur als grün ausgewiesenen Hügel zeigt, aus dem vier Ähren wachsen. Dieses auf Anregung der Archivdirektion Stuttgart im Jahre 1938 in die jetzige Form gebrachte Wappen weist auf die hügelige Lage der Gemeinde sowie auf deren Ursprung, eine landwirtschaftliche Rodungssiedlung (Reute), hin.

BERGATREUTE

BERGHÜLEN, *Alb-Donau-Kreis.* – Wappen: In einem durch Wellenschnitt von Gold (Gelb) und Blau geteilten Schild oben eine schwarze Hirschstange, unten ein schwebender goldener (gelber) Dreiberg.

In der oberen, goldenen Schildhälfte erinnert die schwarze württembergische Hirschstange daran, daß Berghülen zusammen mit dem heutigen Ortsteil Bühlenhausen im Jahre 1447 durch Kauf württembergisch geworden ist. Die untere Schildhälfte macht das Wappen „redend", wobei der Dreiberg für den ersten, der Wellenschnitt und die Farbe Blau für den zweiten Bestandteil des Gemeindenamens (Hüle = Dorfteich, Viehtränke) stehen. Der Reichsstatthalter in Württemberg hat das Wappen am 17. November 1938 verliehen.

BERGHÜLEN

BERKHEIM

BERKHEIM, *Lkr. Biberach*. – Wappen: In Rot ein goldener (gelber) Pilgerhut, darüber zwei goldene (gelbe) Muscheln nebeneinander. – Flagge: Gelb-Rot (Gold-Rot).

Der Pilgerhut und die Pilgermuscheln sind Attribute des heiligen Willebold, dessen Fest in Berkheim jedes Jahr feierlich begangen wird. Die Wappenfarben sind die der Grafen von Calw, deren Geschlecht dieser Heilige angehört haben soll. Der Legende nach kam er als Pilger im Jahre 1230 krank nach Berkheim, wo er unter wunderbaren Zeichen in einer Scheune verstarb. Seine Überreste ruhen in der Ortskirche. Das Innenministerium hat das Wappen und die Flagge am 18. November 1957 verliehen.

BERMATINGEN

BERMATINGEN, *Bodenseekreis*. – Wappen: In Silber (Weiß) ein aufgerichteter, rot bewehrter und rot bezungter schwarzer Bär. – Flagge: Schwarz-Weiß (Schwarz-Silber).

Auf Vorschlag des Generallandesarchivs Karlsruhe legte die Gemeinde Bermatingen im Jahre 1902 das Wappen fest. Der Bär bezieht sich auf die erste Silbe des Gemeindenamens. Auch der von 1166 bis 1312 belegte Ortsadel der Herren von Bermatingen hat diese Figur im Wappen geführt. Das Landratsamt Bodenseekreis verlieh am 12. Januar 1979 die aus dem Wappen abgeleitete Flagge.

BERNSTADT

BERNSTADT, *Alb-Donau-Kreis*. – Wappen: In Gold (Gelb) ein aufgerichteter, rot bewehrter und rot bezungter schwarzer Bär. – Flagge: Schwarz-Gelb (Schwarz-Gold).

Im Jahre 1931 nahm die Gemeinde das Wappen des 1511 ausgestorbenen Ortsadels der Herren von Bernstadt auf. Der aufgerichtete Bär bezieht sich auf den ersten Bestandteil des Gemeindenamens und ist somit eine „redende" Wappenfigur. Das Landratsamt Alb-Donau-Kreis hat die Flagge am 15. Januar 1982 verliehen.

BETZENWEILER, *Lkr. Biberach*. – Wappen: In geteiltem Schild oben in Schwarz eine goldene (gelbe) Hirschstange, unten in Gold (Gelb) ein durchgehendes rotes Kreuz mit Tatzenenden. – Flagge: Rot-Gelb (Rot-Gold).

Betzenweiler war schon vor 1392 ein württembergisches Lehen. Hieran soll die in ausgetauschten Farben in der oberen Hälfte des geteilten Schildes dargestellte württembergische Hirschstange erinnern. Bei dieser weithin bekannten Wappenfigur konnte der zur Einhaltung der heraldischen Farbregel notwendige Farbentausch eher verantwortet werden als bei dem roten „Adelindiskreuz" aus dem Wappen des ehemaligen Stifts Buchau. Das letztere war von 1510 bis zur Säkularisation im Jahre 1802 Besitzer von Betzenweiler. Am 4. September 1979 hat das Landratsamt das Wappen und die Flagge verliehen.

BETZENWEILER

BEURON, *Lkr. Sigmaringen*. – Wappen: In einem im Wellenschnitt schräglinks geteilten Schild oben in Blau ein silberner (weißer) Widderkopf mit goldenem (gelbem) Gehörn im Visier, unten in Gold (Gelb) der blaue Kleinbuchstabe b, dessen Schaft in einem Kreuz endet. – Flagge: Blau-Gelb (Blau-Gold).

Die am 1. April 1974 durch Vereinigung des gleichnamigen alten Orts mit Hausen im Tal gebildete neue Gemeinde gestaltete ihr Wappen aus wesentlichen Bestandteilen der Wappen ihrer beiden Rechtsvorgängerinnen. Der golden gehörnte silberne Widderkopf auf blauem Grund war zuvor die Wappenfigur von Hausen im Tal. Sie erinnert an das Ortsadelsgeschlecht, das einen Widder im Familienwappen geführt hatte. Die Schräglinksteilung im Wellenschnitt bezieht sich auf die in starken Mäandern das Gemeindegebiet durchfließende Donau, an die schon die Wellenteilung im früheren Beuroner Wappen erinnert hatte. Aus dem letzteren wurde auch die vom Klosterwappen abgeleitete Initiale b mit dem Kreuz übernommen. Das Landratsamt hat das Wappen und die Flagge am 28. April 1982 verliehen.

BEURON

BIBERACH AN DER RISS, Stadt, *Lkr. Biberach*. – Wappen: In Blau ein aufgerichteter, golden (gelb) gekrönter goldener (gelber) Biber. – Flagge: Blau-Gelb (Blau-Gold).

Das älteste bekannte, in einem Abdruck aus dem Jahre 1258 überlieferte Siegel der Reichsstadt weist neben dem Reichsadler und einer Staude bereits die „redende" Figur des Bibers auf. Spätere Siegel zeigen diese eigentliche städtische Wappenfigur in einem Schild auf der Brust des Adlers. Zunächst galt ein rot gekrönter und rot bewehrter blauer Biber in silbernem Schild als heraldisches Bildkennzeichen Biberachs. In Anerkennung der besonderen Dienste des städtischen Aufgebots bei der Befreiung König Maximilians aus der Gefangenschaft der Stadt Brügge verlieh Kaiser Friedrich III. der Stadt am 18. Juli 1488 das „gebesserte" jetzige Wappen.

BIBERACH AN DER RISS

BINGEN

BINGEN, *Lkr. Sigmaringen.* – Wappen: In geteiltem Schild oben in Gold (Gelb) zwei schräglinke rote Leisten, dazwischen drei, außen je zwei sechsstrahlige rote Sterne, unten in Rot ein stehender goldener (gelber) Hirsch. – Flagge: Rot-Gelb (Rot-Gold).

Die Gemeinde hat schon 1738 ihr „gewöhnliches Sigill" verwendet, das unter dem fürstlich hohenzollerischen und freiherrlich hornsteinischen Wappen einen Engel mit Schaufel und Schapfe als Zeichen des damaligen Schultheißen und Brauers Johann Georg Engel zeigt. Nach dem Zweiten Weltkrieg legte die Gemeinde das jetzige Wappen fest, dessen obere Hälfte vom Wappen des in Bingen einst begüterten Klosters Zwiefalten abgeleitet ist. Die untere Schildhälfte bezieht sich auf die Grafschaft Sigmaringen, die hier seit dem 16. Jh. die Malefizgerichtsbarkeit ausübte. Das Wappen und die Flagge wurden vom Innenministerium am 31. Mai 1958 verliehen.

BISINGEN

BISINGEN, *Zollernalbkreis.* – Wappen: In gespaltenem Schild vorne in Rot eine goldene (gelbe) Mitra, hinten in Gold (Gelb) ein halbes rotes Zahnrad am Spalt. – Flagge: Gelb-Rot (Gold-Rot).

Die Mitra ist die Wappenfigur der Herren von Bisingen, die im 13. und frühen 14. Jh. im Besitz des Ortes waren. Das Zahnrad in der hinteren Schildhälfte soll an die im 19. Jh. aufgekommene und nach dem Zweiten Weltkrieg beachtlich vermehrte Industrieansiedlung in der Gemeinde erinnern. Die vorläufige Regierung hat das Gemeindewappen am 14. September 1953 verliehen, während die Flaggenverleihung am 30. Juni 1982 vom Landratsamt vorgenommen wurde.

BITZ

BITZ, *Zollernalbkreis.* – Wappen: Unter goldenem (gelbem) Schildhaupt, darin eine schwarze Hirschstange, in Blau ein silberner (weißer) Adlerflügel. – Flagge: Blau-Weiß (Blau-Silber).

Im Jahre 1930 setzte die Gemeinde ein heraldisch mangelhaftes Siegelbild in ihre Stempel, in dem zwei Trikotbobinen und zwei Webnadeln auf die damalige industrielle Fertigung hinweisen sollten. Am 14. März 1938 beschloß der Gemeinderat eine heraldische Verbesserung des Stempelbildes, aus der sich folgendes vom damaligen Reichsstatthalter am 9. August 1938 genehmigtes Wappen ergab: In Silber eine aufrechte blaue Strickstuhlnadel, beiderseits begleitet von je einer blauen Garnspule. Im Jahre 1951 fügte die Gemeinde das Schildhaupt mit der württembergischen Hirschstange hinzu. Schließlich verlieh das Innenministerium am 17. April 1958 das jetzige Wappen mit dem Adlerflügel der Herren von Lichtenstein, die den Ort bis 1386 besessen hatten. Die Flagge war schon am 8. Mai 1951 vom Staatsministerium Württemberg-Hohenzollern verliehen worden.

BLAUBEUREN, Stadt, *Alb-Donau-Kreis*. – Wappen: In Gold (Gelb) ein blau gekleideter Mann mit grünem Kranz im Haar, in jeder Hand eine aufgerichtete, mit den Sprossen auswärts weisende schwarze Hirschstange haltend. – Flagge: Blau-Gelb (Blau-Gold).

Im Jahre 1471 verlieh Kaiser Friedrich III. das Wappen, dessen „redende" Figur, das tanzende „Blaumännle", auf goldenem (gelbem) Schildgrund erscheint. Das blaue Bäuerlein wurde zeitweilig auch mit mehr oder weniger gespreizten Beinen stehend, mit schwarzen Stiefeln oder Schuhen sowie blauem oder schwarzem Hut dargestellt. Heute wird es in der Regel in enger Anlehnung an den erhaltenen kaiserlichen Wappenbrief stilisiert. Die württembergischen Hirschstangen erinnern daran, daß Blaubeuren 1447 württembergisch geworden ist.

BLAUBEUREN

BLAUSTEIN, *Alb-Donau-Kreis*. – Wappen: In gespaltenem Schild vorne in Gold (Gelb) drei gestürzte schwarze Wolfsangeln übereinander, hinten in Schwarz pfahlweise ein mit der Schallöffnung nach oben weisendes goldenes (gelbes) Hifthorn mit zum Schildrand gerichteter goldener (gelber) Fessel. – Flagge: Gelb-Schwarz (Gold-Schwarz).

Nachdem am 1. September 1968 aus der Vereinigung zweier alter Orte eine Gemeinde mit dem Namen Blaustein hervorgegangen war, die in der Folge ein Wappen geführt hat, entstand am 1. Januar 1975 durch Vereinigung von Blaustein mit Arnegg und Herrlingen eine neue Gemeinde, die diesen Namen und das obige Wappen führt. Die drei Wolfsangeln sind die Wappenfiguren der Herren von Stein und – in vertauschten Farben – die der Herren von Stadion, während das Hifthorn dem Wappen der Ministerialen von Hörningen entnommen ist. Im Gemeindewappen beziehen sich diese Figuren auf die historischen Beziehungen zwischen diesen Geschlechtern und den Ortsteilen der neuen Gemeinde Blaustein. Das Landratsamt Alb-Donau-Kreis hat das Wappen samt der Flagge am 30. Mai 1978 verliehen.

BLAUSTEIN

BODELSHAUSEN, *Lkr. Tübingen*. – Wappen: In geteiltem Schild oben in Rot ein schreitender goldener (gelber) Löwe, unten in Gold (Gelb) eine rechtshin liegende schwarze Hirschstange. – Flagge: Gelb-Rot (Gold-Rot).

Als Marksteinzeichen der Gemeinde ist für das Jahr 1683 ein Doppelhaken belegt. Um die Wende der Jahre 1933/1934 legte die Gemeinde ihr Wappen fest. Die obere Schildhälfte ist – in vertauschten Farben – dem Wappen der Herren von Ow entnommen, von denen sich ein im 14. und 15. Jh. hier ansässiger Zweig nach Bodelshausen benannt hat. Der Farbentausch war mit Rücksicht auf die württembergischen Wappenfarben in der unteren Schildhälfte nötig. Diese bezieht sich auf den 1409 beziehungsweise 1446 bis 1453 erfolgten Übergang an Württemberg. Das Landratsamt hat die Flagge am 6. Oktober 1982 verliehen.

BODELSHAUSEN

BODNEGG

BODNEGG, *Lkr. Ravensburg.* – Wappen: In Blau über einem goldenen (gelben) Dreiberg ein silbernes (weißes) Schwert, beheftet mit zwei schräg gekreuzten goldenen (gelben) Schlüsseln (Bärte oben, abgewendet). – Flagge: Gelb-Blau (Gold-Blau).

Im Jahre 1930 zeigte das Gemeinde-Dienstsiegel eine naturalistische Darstellung der Pfarrkirche. Mit Beratung durch die Archivdirektion Stuttgart wurde 1962 das jetzige Wappen festgelegt. Es enthält einen Dreiberg, der auf die exponierte Lage der Pfarrkirche hinweisen soll. Schlüssel und Schwert sind die Attribute der Heiligen Petrus und Paulus, die die Patrone des Klosters Weißenau gewesen sind. Die vorliegende Kombination eines Schwertes und zweier Schlüssel ist vom Wappen dieses Klosters abgeleitet. Sie erinnert daran, daß Bodnegg seit dem 13. Jh. diesem Kloster gehörte, dem seit 1473 auch die Pfarrkirche inkorporiert war. Das Innenministerium verlieh das Wappen und die Flagge am 25. September 1962.

BÖRSLINGEN

BÖRSLINGEN, *Alb-Donau-Kreis.* – Wappen: In gespaltenem Schild vorne in Rot an drei silbernen (weißen) Ringen eine dreilatzige silberne (weiße) Fahne, hinten in Silber (Weiß) eine pfahlweis gestellte doppelzügige rote Börse mit blauen Nesteln, die Enden des oberen links, die des unteren rechts abstehend.

Die dreilatzige silberne Fahne in der vorderen roten Schildhälfte ist das Wappen der Grafen von Werdenberg, denen der Ort bis 1385 gehörte. In der hinteren Schildhälfte steht die Börse als eine im volksetymologischen Sinne „redende" Wappenfigur. Das Wappen wurde am 12. September 1955 durch die Landesregierung verliehen.

BOMS

BOMS, *Lkr. Ravensburg.* – Wappen: In Blau vier silberne (weiße) Wellenstäbe, von denen die beiden vorderen mit einer Wendung nach rechts, die beiden hinteren mit einer Wendung nach links auf eine erniedrigte, eingebogene goldene (gelbe) Spitze stoßen. – Flagge: Gelb-Blau (Gold-Blau).

Die von der goldenen Spitze im Wappenschild teils nach rechts, teils nach links gelenkten silbernen Wellenstäbe sollen darauf hinweisen, daß die europäische Wasserscheide zwischen Rhein und Donau über die Bomser Höhe verläuft. Am 21. April 1975 verlieh das Innenministerium das Wappen und die Flagge.

BREITINGEN, *Alb-Donau-Kreis.* – Wappen: In geteiltem Schild oben in Grün ein silberner (weißer) Rautenkranz, unten in Gold (Gelb) ein blauer Wellenpfahl. – Flagge: Weiß-Grün (Silber-Grün).

Der sogenannte Rautenkranz ist vom Wappen der ehemaligen Benediktinerabtei Elchingen abgeleitet, wo er an den Klosterstifter, den Markgrafen Konrad von Meißen, erinnern sollte. Im Gemeindewappen bezieht er sich auf Güter, die dieses Kloster im 13. Jh. auf Markung Breitingen besessen hat. Auf die Lone, die das Gemeindegebiet in einem gewundenen schmalen Tal durchquert, weist der blaue Wellenpfahl in der unteren Schildhälfte hin. Das Innenministerium hat das Wappen samt der Flagge am 13. November 1956 verliehen.

BREITINGEN

BURGRIEDEN, *Lkr. Biberach.* – Wappen: In geteiltem Schild oben in Rot eine silberne (weiße) Burg mit zwei Zinnentürmen und einem Staffelgiebel über dem Rundbogentor ohne Flügel, unten in Grün ein silberner (weißer) Wellenbalken. – Flagge: Weiß-Grün (Silber-Grün).

Die Burg in der oberen Hälfte des geteilten Schildes bezieht sich auf die erste Silbe des Gemeindenamens. Zugleich erinnert sie auch an die Burgen, die einst bei den 1972 beziehungsweise 1973 eingegliederten Orten Bühl und Rot bei Laupheim gestanden haben. Da die von einem silbernen Wellenbalken durchzogene untere grüne Schildhälfte für den Begriff Ried = Moor steht, ist das Wappen voll „redend". Das Landratsamt hat am 16. Februar 1981 die aus dem schon 1922 festgelegten Wappen abgeleitete Flagge verliehen.

BURGRIEDEN

BURLADINGEN, Stadt, *Zollernalbkreis.* – Wappen: In Schwarz zwei schräg gekreuzte silberne (weiße) Schlüssel (Bärte oben abgewendet). – Flagge: Weiß-Schwarz (Silber-Schwarz).

Die im Juli 1978 zur Stadt erhobene Gemeinde führte 1534 das älteste bekannte Dorfsiegel der Grafschaft Zollern mit dem Zollernschild, das nach 1541 allerdings nicht mehr festgestellt werden kann. Die Gemeinde mußte andere siegelführende Stellen um Besiegelung ihrer Urkunden bitten, bis sie 1710 bei einem Vergleich mit den Fürsten von Hohenzollern-Hechingen erneut das Siegelrecht bekam. Das offenbar schon vorher beschaffte Siegel mit der Jahreszahl 1702 zeigt zwei schräg gekreuzte Schlüssel, deren Bedeutung nicht sicher geklärt ist. Nachdem dieses Fleckenzeichen im 19. Jh. in Vergessenheit geraten war, gelangte es um 1930 wieder in die Dienstsiegel, wobei die Bärte der Schlüssel zeitweilig gegeneinander gekehrt waren. Das Wappen wurde in den hohenzollerischen Farben Silber und Schwarz tingiert. Das Innenministerium verlieh die Flagge am 1. Juni 1956.

BURLADINGEN

DAISENDORF

DAISENDORF, *Bodenseekreis*. – Wappen: In gespaltenem Schild vorne in Gold (Gelb) ein rot bewehrter und rot bezungter halber schwarzer Adler am Spalt, hinten in Silber (Weiß) ein halbes geschliffenes rotes Kreuz am Spalt.

Das Wappen der Gemeinde Daisendorf ist seit dem Jahre 1928 gültig. Der halbe Reichsadler am Spalt soll daran erinnern, daß die Ortsherrschaft der Reichsstadt Überlingen gehörte, bis diese sie im Jahre 1507 an das Bistum Konstanz verkaufte. Das hintere Feld des Gemeindewappens enthält die halbe Wappenfigur dieses Bistums, das ein rotes Kreuz im silbernen Schild führte.

DAUTMERGEN

DAUTMERGEN, *Zollernalbkreis*. – Wappen: Von Silber (Weiß), Rot und Gold (Gelb) geteilt, im goldenen (gelben) Feld ein schreitender, rot bewehrter und rot bezungter schwarzer Löwe.

Das Wappen erinnert an die frühere territoriale Zugehörigkeit der Gemeinde. Dautmergen war ursprünglich ein Bestandteil der Grafschaft Hohenberg, deren Schild von Silber und Rot geteilt ist. Nachdem diese Grafschaft seit 1381 zu Österreich gehört hatte, fiel ihr Gebiet 1805 an Württemberg. Der schreitende schwarze Löwe auf goldenem Grund ist vom hinteren Feld des gespaltenen Staatswappens des Königreichs Württemberg abgeleitet. Das Gemeindewappen wurde vom Innenministerium Württemberg-Hohenzollern am 11. Januar 1949 verliehen.

DEGGENHAUSERTAL

DEGGENHAUSERTAL, *Bodenseekreis*. – Wappen: Unter einem von Silber (Weiß) und Grün im Wolkenschnitt geteilten Schildhaupt in Silber (Weiß) eine nach oben geöffnete schwarze Schere mit U-förmigen Griffen. – Flagge: Grün-Weiß (Grün-Silber).

Die Gemeinde wurde am 1. Januar 1972 durch Vereinigung von Deggenhausen, Homberg, Roggenbeuren, Untersiggingen, Urnau und Wittenhofen gebildet. In ihrem Wappen erscheint die Schere als die Wappenfigur des Ortsadels von Deggenhausen. Die Wolkenschnitt-Teilung im Schildhaupt soll an den Wolkenbord des fürstenbergischen Wappens und damit an die allen sechs vereinigten Orten gemeinsame fürstenbergische Vergangenheit erinnern. Auf besonderen Wunsch der Gemeinde ist das Blau des fürstenbergischen Wolkenbords allerdings gegen die Farbe Grün vertauscht worden, die auf die land- und forstwirtschaftliche Nutzung des Gemeindegebiets bezogen wird. Das Landratsamt hat das Wappen und die Flagge am 14. April 1977 verliehen.

DETTENHAUSEN, *Lkr. Tübingen.* – Wappen: Unter rotem Schildhaupt, darin eine abgeschnittene, linkshin liegende goldene (gelbe) Gerstenähre, in Gold (Gelb) ein stehender roter Hirsch. – Flagge: Rot-Gelb (Rot-Gold).

Der Gemeinderat von Dettenhausen hat das Wappen am 22. März 1955 festgelegt. Der rote Hirsch bezieht sich auf die Lage der Gemeinde im wildreichen Schönbuch. Die Einwohner von Dettenhausen werden mit dem Übernamen „Gerstenkinder" belegt, auf den im Schildhaupt des Gemeindewappens eine Gerstenähre hinweisen soll. Die Landesregierung hat am 12. September 1955 das Wappen und die Flagge verliehen.

DETTENHAUSEN

DETTINGEN AN DER ERMS, *Lkr. Reutlingen.* – Wappen: In Rot ein pfahlweis gestellter goldener (gelber) Doppelhaken (Z mit spitzen Enden), begleitet oben links und unten rechts von je einem sechsstrahligen goldenen (gelben) Stern. – Flagge: Gelb-Rot (Gold-Rot).

Im Jahre 1930 enthielt das Schultheißenamtssiegel eine Abbildung des Baumeisterschildes des Peter von Koblenz, wie er im Netzgewölbe der Pankratiuskapelle der evangelischen Pfarrkirche in Dettingen an der Erms dargestellt ist. Dieser Meisterschild des 15. Jh., der eine Art von Antoniuskreuz mit gebogenen Armen, beheftet mit einem liegenden Doppelhaken zeigt, wurde demnach zeitweilig für das Ortswappen gehalten. Nachdem das wirkliche Gemeindewappen, das einen Doppelhaken – vermutlich ein altes Fleckenzeichen – sowie zwei wohl als unterscheidende Beizeichen hinzugefügte Sterne enthält, in einem Siegelabdruck des 17. Jh. wiederentdeckt worden war, nahm die Gemeinde dieses wieder an. Das Innenministerium hat das Wappen und die Flagge am 7. März 1958 verliehen.

DETTINGEN AN DER ERMS

DETTINGEN AN DER ILLER, *Lkr. Biberach.* – Wappen: In gespaltenem Schild vorne in Gold (Gelb) ein roter Löwe, hinten in Rot ein goldener (gelber) Wellenpfahl. – Flagge: Rot-Gelb (Rot-Gold).

Um 1912 war ein Wappen in das Schultheißenamtssiegel aufgenommen worden, das einen mittels senkrechter Schraffur als rot bezeichneten Schild aufwies. Ein linkes Untereck enthielt vier Reihen schräger Schindeln, die offenbar vom Stempelschneider in solche verfälscht worden waren. In Wirklichkeit sollte das Untereck von Silber und Blau schräg gerautet sein und damit an die zeitweiligen bayerischen Rechte in der Gemeinde erinnern. Am 25. April 1974 verlieh das Innenministerium auf Wunsch der Gemeinde nebst der Flagge auch ein neues Wappen. Der rote Löwe ist das Wappentier des Hauses Rechberg, das den Ort von etwa 1326 bis etwa 1790 besessen hat. Der Wellenpfahl erinnert an die Iller.

DETTINGEN AN DER ILLER

DIETENHEIM

DIETENHEIM, Stadt, *Alb-Donau-Kreis*. – Wappen: In gespaltenem Schild vorne in Rot ein silberner (weißer) Balken, hinten in Silber (Weiß) ein halber, rot bewehrter schwarzer Adler am Spalt. – Flagge: Weiß-Rot (Silber-Rot).

Das „oppidum Tutenheim" hatte schon 1471 ein Siegel mit diesem Wappen geführt. Diese heraldische Tradition stammt wahrscheinlich aus der Zeit kurz nach 1353, als das Haus Österreich (Bindenschild) in den Besitz der Reichspfandschaft Dietenheim (Reichsadler) gelangte. In Anlehnung an eine im späten 16. Jh. entstandene Wappenscheibe, die den figurengleichen aber seitenverkehrten und teilweise andersfarbigen Schild der Grafen von Kirchberg-Brandenburg (Lehensinhaber 1280) aufweist, wurde das Wappen der 1588 erstmals und 1953 erneut zur Stadt erhobenen früheren Gemeinde zeitweilig verändert. Das Innenministerium hat der Stadt am 31. August 1973 nach Eingliederung von Regglisweiler das Wappen in der ältesten Form und die Flagge verliehen.

DORMETTINGEN

DORMETTINGEN, *Zollernalbkreis*. – Wappen: In Rot zwei schräg gekreuzte silberne (weiße) Rechen (Stiel unten). – Flagge: Weiß-Rot (Silber-Rot).

Ein dem Stil nach im 19. Jh. entstandenes hochovales Schultheißenamtssiegel enthält ein nicht heraldisch aufgefaßtes Siegelbild, das zwei schräg gekreuzte Rechen über einer gestürzten Pflugschar zeigt. Von diesen landwirtschaftlichen Symbolen gelangten die beiden Rechen in das vom Innenministerium am 16. Mai 1950 verliehene Wappen, in dem die Farben Silber und Rot an die frühere hohenbergische beziehungsweise österreichische Ortsherrschaft erinnern. Das Landratsamt Zollernalbkreis hat die Flagge am 23. August 1982 verliehen.

DORNSTADT

DORNSTADT, *Alb-Donau-Kreis*. – Wappen: Unter blauem Schildhaupt, darin ein linkshin liegendes goldenes (gelbes) Schwert, in Gold (Gelb) ein aus dem Unterrand emporkommendes schwarzes Patriarchenhochkreuz. – Flagge: Blau-Gelb (Blau-Gold).

Das Patriarchenhochkreuz wurde vom erloschenen Wappen der früheren gleichnamigen Gemeinde in das der nach Eingliederung von drei Orten durch Vereinigung mit Tomerdingen am 1. Januar 1975 entstandenen neuen Gemeinde Dornstadt übernommen. Wie im früheren kann es auch im neuen Wappen auf die historischen Beziehungen zu verschiedenen Klöstern, vor allem zu Lorch und Elchingen, bezogen werden. Das Schwert stammt aus dem früheren Wappen von Tomerdingen, wo es schon 1774 als Marktzeichen galt. Im neuen Wappen wird es auch als Hinweis auf die Bundeswehr-Garnison angesehen. Am 17. Februar 1976 hat das Landratsamt Alb-Donau-Kreis das Wappen samt der Flagge verliehen.

DOTTERNHAUSEN, *Zollernalbkreis.* – Wappen: In Blau ein aufgerichteter goldener (gelber) Hirsch.

Das Geschlecht der Herren von Dotternhausen führte, wie das Siegel Wernhers von Dotternhausen aus dem Jahre 1325 beweist, einen aufgerichteten Hirsch im Wappen. Nachdem die Gemeinde dieses Wappen in frei gewählten Farben wieder aufgenommen hatte, wurde es ihr vom damaligen Reichsstatthalter in Württemberg am 20. Dezember 1938 verliehen.

DOTTERNHAUSEN

DÜRMENTINGEN, *Lkr. Biberach.* – Wappen: In geteiltem Schild oben in Grün ein stehender, linksgewendeter goldener (gelber) Löwe, unten in Gold (Gelb) ein stehender grüner Löwe. – Flagge: Grün-Gelb (Grün-Gold).

Laut einer vom Bürgermeisteramt vorgelegten Aktennotiz aus dem Jahre 1923 ist damals im Thurn und Taxisschen Archiv ein wohl aus der Zeit der waldburgischen Verwaltung Dürmentingen (bis 1786) stammendes Siegel ermittelt worden. In der Folge griff die Gemeinde auf das darin abgebildete Wappen mit zwei Löwen zurück. Obwohl die Gemeinde damals nicht die Farben des Hauses Waldburg annahm, sollen doch die waldburgischen Wappentiere auf dieses mit den meisten Gemeindeteilen historisch verbundene Geschlecht hinweisen. Im Jahre 1956 wurde die Stilisierung verbessert.

DÜRMENTINGEN

DÜRNAU, *Lkr. Biberach.* – Wappen: In Gold (Gelb) ein schräger, blattloser schwarzer Dornzweig.

Schon bevor die Farben des Wappens festgelegt waren, führte die Gemeinde den Schild mit dem schrägen Dornzweig im Dienstsiegel. Belege hierfür sind seit 1963 vorhanden. Der dürre Dornzweig soll das Wappen, das vom Innenministerium am 20. März 1968 verliehen worden ist, im volksetymologischen Sinne „redend" machen.

DÜRNAU

49

DUSSLINGEN

DUSSLINGEN, *Lkr. Tübingen.* – Wappen: In Rot ein goldener (gelber) Löwe. – Flagge: Weiß-Rot (Silber-Rot).

Die Gemeinde führte den Löwen, dessen Bedeutung nicht bekannt ist, schon 1924 im Schultheißenamtssiegel. Im Jahre 1927 folgte sie bei der Festlegung der Wappenfarben einer Empfehlung der Archivdirektion Stuttgart. Die von den letzteren abweichenden Flaggenfarben sind vom Wappen des Adelsgeschlechts der Herter von Dußlingen abgeleitet.

EBENWEILER

EBENWEILER, *Lkr. Ravensburg.* – Wappen: In Rot ein silberner (weißer) Kübelhelm mit einem silbernen (weißen) Adlerflügel als Helmzier. – Flagge: Weiß-Rot (Silber-Rot).

Während die Gemeinde im Jahre 1930 noch ein reines Schriftsiegel führte, erscheint – spätestens nach dem Zweiten Weltkrieg – der Helm mit dem Adlerflügel in ihren Siegeln. Der Zeitpunkt der ersten kommunalen Verwendung dieses Zeichens, das zunächst noch ohne schildförmige Umrahmung in den Gemeindestempeln zu sehen war, konnte nicht ermittelt werden. Ursprünglich füllte es den Dreieckschild eines Siegels des Grafen Egeno von Aichelberg aus dem Jahre 1237. Im Gemeindesiegel erinnert es daran, daß der Ortsadelige Heinrich von Ebenweiler in dem genannten Jahre als Dienstmann des Grafen Egeno bezeugt ist. Das Innenministerium hat das Wappen und die Flagge am 21. Januar 1957 verliehen.

EBERHARDZELL

EBERHARDZELL, *Lkr. Biberach.* – Wappen: In Silber (Weiß) zwischen einem roten Schildhaupt und einem roten Schildfuß ein schreitender, hersehender, rot bezungter schwarzer Löwe. – Flagge: Weiß-Rot (Silber-Rot).

Nach einem Vorschlag aus dem Jahre 1929 setzte die alte Gemeinde Eberhardzell einen durch Schraffur als rot ausgewiesenen Schild mit drei schräg übereinander erscheinenden silbernen Muscheln in ihre Dienstsiegel. Es war das Wappen der Herren von Neideck, denen der Ort 1478–1520 gehörte. Auch die übrigen drei am 1. Januar 1975 zur neuen Gemeinde Eberhardzell vereinigten Orte hatten eigene Wappen geführt. Im jetzigen Wappen erinnert der leicht veränderte österreichische „Bindenschild" an die ehemalige Zugehörigkeit dreier Gemeindeteile zur österreichischen Herrschaft Waldsee. Der hersehende schwarze Löwe ist die Wappenfigur des Hauses Waldburg, das im 15. und 16. Jh. große Teile des Gemeindegebiets besaß. Der vierte Teil wird durch die von ihm übernommene Flagge repräsentiert, die das Landratsamt samt Wappen am 24. August 1981 verlieh.

EBERSBACH-MUSBACH, *Lkr. Ravensburg.* – Wappen: In Silber (Weiß) ein doppelreihig von Rot und Silber (Weiß) geschachter Schrägbalken (Zisterzienserbalken), überdeckt mit einem durchgehenden schwarzen Tatzenkreuz (Deutschordenskreuz). – Flagge: Rot-Weiß (Rot-Silber).

Die neue Gemeinde ist aus Vereinigungen von Geigelbach und Musbach am 1. Januar 1967 und dieser Gesamtgemeinde mit Ebersbach am 1. September 1971 hervorgegangen. Das Deutschordenskreuz und der Zisterzienserbalken beziehen sich auf die beiden bedeutendsten Grundherrschaften, die vom 13. Jh. an im Bereich der jetzigen Gemeinde aufgetreten sind. Ebersbach gehörte von 1269 bis zur Säkularisation im Jahre 1806 der Deutschordenskommende Altshausen. In Musbach und vor allem in Geigelbach war das Zisterzienserinnenkloster Baindt bis ins 18. beziehungsweise 19. Jh. hinein reich begütert. Das Innenministerium hat das Wappen und die Flagge am 30. August 1974 verliehen.

EBERSBACH-MUSBACH

EHINGEN (DONAU), Stadt, *Alb-Donau-Kreis.* – Wappen: Von Silber (Weiß) und Rot fünfmal schräg geteilt. – Flagge: Weiß-Rot (Silber-Rot).

Seit dem Jahre 1304 sind Stadtsiegel mit dem fünfmal schräggeteilten Wappen der Grafen von Berg, den damaligen Herren Ehingens, unter denen es im 13. Jh. Stadtrecht erlangt hatte, in Abdrücken überliefert. Seit dem 18. Jh. traten zunächst vereinzelt, später fast durchweg drei rote Schrägbalken in Silber an die Stelle der fünffachen Schrägteilung, die sich im Jahre 1979 wieder durchsetzte. Die letztere beginnt im Stadtwappen – anders als im gräflichen Wappen – mit einem silbernen Feld. Am 19. Februar 1979 verlieh das Regierungspräsidium Tübingen das Stadtwappen in dieser, seiner ursprünglichen Form.

EHINGEN (DONAU)

EICHSTEGEN, *Lkr. Ravensburg.* – Wappen: In Gold (Gelb) auf gezahntem blauem Schrägfuß ein roter Hirsch. – Flagge: Rot-Gelb (Rot-Gold).

Mit Beratung durch die Archivdirektion Stuttgart legte die Gemeinde im Jahre 1975 das Wappen des edelfreien Geschlechts der Fürst von Hirschegg als ihr heraldisches Bildkennzeichen fest. Als Stammsitz dieses ausgestorbenen Geschlechts gilt die ehemalige Burg Hirschegg auf Markung Eichstegen. Das Innenministerium hat das Wappen und die Flagge am 21. April 1975 verliehen.

EICHSTEGEN

EMERINGEN

EMERINGEN, *Alb-Donau-Kreis.* – Wappen: In Blau über einem goldenen (gelben) Dreiberg sieben (3 : 4) sechsstrahlige goldene (gelbe) Sterne. – Flagge: Gelb-Blau (Gold-Blau).

Nach der Diskussion verschiedener Gestaltungsvorschläge legte die Gemeinde ein Wappen fest, das einen Dreiberg mit den sieben Sternen aus dem Wappen der ehemaligen Benediktinerabtei Zwiefalten verbindet. Der Dreiberg bezieht sich auf die Lage der Gemeinde in einer Hangbucht des Emerbergs. Die Zwiefalter Sterne sollen daran erinnern, daß dieses Kloster seit 1298 das Kirchenpatronat besaß und seit dem 15. Jh. nach und nach auch die hohe und niedere Gerichtsbarkeit zu Emeringen erworben hat. Am 16. Juni 1982 hat das Landratsamt das Wappen und die Flagge verliehen.

EMERKINGEN

EMERKINGEN, *Alb-Donau-Kreis.* – Wappen: In Silber (Weiß) ein liegender roter Mauerhaken (N mit spitzen Enden).

Das Dienstsiegel des Schultheißenamts Emerkingen zeigte im Jahre 1930 das Vollwappen des Ortsadelsgeschlechts mit Helm, Helmzier und Helmdecken. Da Gemeindewappen im Gegensatz zu Familienwappen hierzulande in der Regel nur aus dem Schild mit dem Schildbild bestehen, wurde auch das Emerkinger Wappen entsprechend vereinfacht. Das Innenministerium hat diese Verbesserung am 13. Mai 1957 zur Kenntnis genommen.

ENGSTINGEN

ENGSTINGEN, *Lkr. Reutlingen.* – Wappen: Unter goldenem (gelbem) Schildhaupt, darin eine schwarze Hirschstange, in Schwarz ein aufspringender silberner (weißer) Steinbock. – Flagge: Weiß-Schwarz (Silber-Schwarz).

Die früheren Gemeinden Groß- und Kleinengstingen sowie Kohlstetten sind durch Vereinigungen am 1. Januar 1975 in der neuen Gemeinde Engstingen aufgegangen. Der seit etwa 1650 im Signet beziehungsweise Wappen von Großengstingen auftretende silberne Steinbock ist die in ausgetauschten Farben erscheinende Wappenfigur des schweizerischen Hochstiftes Chur, das bis 1717 Lehensherr über Großengstingen war und auch in den anderen Gemeindeteilen Besitz hatte. Auf die nach 1751 bestehende gemeinsame Zugehörigkeit zu Württemberg weist das Schildhaupt mit der württembergischen Hirschstange hin. Das Landratsamt Reutlingen hat das Wappen und die Flagge am 19. Januar 1978 verliehen.

ENINGEN UNTER ACHALM, *Lkr. Reutlingen*. – Wappen: In Blau eine silberne (weiße) Lilie. – Flagge: Weiß-Blau (Silber-Blau).

Die Gemeinde Eningen unter Achalm führte ein wohl im 18. Jh. entstandenes Fleckensiegel, das bereits den Wappenschild mit der nicht sicher gedeuteten Lilie enthält. Vielleicht ist die Wappenfigur im Zusammenhang mit einer ehemals am Fuß der Achalm gelegenen Marienkapelle als Mariensymbol aufzufassen? Die Wappen- und Flaggenfarben wurden 1935 erwähnt, sollen aber nach damaliger Angabe schon früher im Gebrauch gewesen sein.

ENINGEN UNTER ACHALM

ERBACH, *Alb-Donau-Kreis*. – Wappen: In einem von Gold (Gelb) und Rot geteilten Schild ein Löwe in verwechselten Farben. – Flagge: Gelb-Rot (Gold-Rot).

Seit dem 16. Jh. sind Abdrücke von Siegeln des Marktortes belegt, die einen Löwen zeigen. Da Erbach von 1488 bis 1504 bayerisch gewesen ist, wurde in dem Löwen schon das wittelsbachische Wappentier vermutet. Siegel des 17. Jh. lassen deutlich eine Schildteilung erkennen, die nach allerlei Variierungen des Wappens durch Gemeinderatsbeschluß vom 30. September 1954 wieder eingeführt worden ist. Die Wappenfarben sind vielleicht in Anlehnung an ein Feld des vermehrten Wappens der von 1620 an mit Erbach belehnten Freiherrn von Ulm gewählt worden, das einen roten Löwen auf goldenem Grund zeigt. Das Landratsamt Alb-Donau-Kreis hat die Flagge am 12. November 1981 verliehen.

ERBACH

ERISKIRCH, *Bodenseekreis*. – Wappen: In gespaltenem Schild vorne in Blau eine goldene (gelbe) Lilie, hinten in Gold (Gelb) eine blau bedachte silberne (weiße) Kirche mit rechtsstehendem spitzem Turm. – Flagge: Gelb-Blau (Gold-Blau).

Die Lilie wurde schon 1936 als Wappenfigur vorgeschlagen. Sie soll an das häufige Vorkommen von Schwertlilien auf der Markung erinnern, während sich die Kirche im hinteren Schildfeld auf den Gemeindenamen bezieht. Das Wappen wurde am 30. Juni 1952 von der Abwicklungsstelle des Innenministeriums Württemberg-Hohenzollern, die Flagge am 10. April 1981 vom Landratsamt Bodenseekreis verliehen.

ERISKIRCH

ERLENMOOS

ERLENMOOS, *Lkr. Biberach*. – Wappen: In Gold (Gelb) ein schräglinker grüner Erlenzweig mit einem Blatt, einem Fruchtzapfen und zwei männlichen Kätzchen. – Flagge: Grün-Gelb (Grün-Gold).

Der grüne Zweig zeigt an Blatt, Frucht und Kätzchen die Charakteristika der Erle. Er soll das Wappen in bezug auf den ersten Bestandteil des Gemeindenamens „redend" machen. Das Innenministerium hat sowohl das Wappen als auch die Flagge am 24. April 1968 verliehen.

EROLZHEIM

EROLZHEIM, *Lkr. Biberach*. – Wappen: In Schwarz ein achtspeichiges silbernes (weißes) Rad. – Flagge: Weiß-Schwarz (Silber-Schwarz).

In dem um 1930 verwendeten Schultheißenamtssiegel war ein zwölfspeichiges Rad ohne Wappenschild abgebildet. Mit Beratung durch die Archivdirektion Stuttgart nahm die Gemeinde im Jahre 1931 das Wappen des ausgestorbenen Ortsadelsgeschlechts der Herren von Erolzheim an. Das Landratsamt Biberach hat am 19. Mai 1982 die daraus abgeleiteten Flaggenfarben verliehen.

ERTINGEN

ERTINGEN, *Lkr. Biberach*. – Wappen: In Silber (Weiß) über einem erniedrigten blauen Wellenbalken eine rote Quadermauer mit drei Zinnen und spitzbogigem offenem Tor. – Flagge: Rot-Weiß (Rot-Silber).

Die neue Gemeinde Ertingen ist am 1. Januar 1975 durch Vereinigung der namensgleichen früheren Gemeinde mit Binzwangen und Erisdorf entstanden. Das am 3. Mai 1979 vom Landratsamt Biberach samt der Flagge verliehene Wappen enthält einen blauen Wellenbalken als Hinweis auf die Donau und die Schwarzach, die das Gemeindegebiet durchfließen. Mauer und Tor in den montfortischen Farben erinnern an das 1331 mit kaiserlicher Erlaubnis durch die Grafen von Montfort an Ertingen verliehene aber unwirksam gebliebene Stadtrecht. Die überlieferte Bezeichnung „Törlesbauer" läßt vermuten, daß dort ein kleines Tor in der Umwallung bestanden hat.

FLEISCHWANGEN, *Lkr. Ravensburg.* – Wappen: In Silber (Weiß), schräg gekreuzt aus schwarzem Boden wachsend, zwei grüne Ähren, darüber ein schwarzes Kreuz mit Tatzenenden (Deutschordenskreuz). – Flagge: Schwarz-Weiß (Schwarz-Silber).

Der Gemeindename, im 9. Jh. „Flinxwangun" geschrieben, wird mit steinigem, kieselhaltigem Grund (vlins) in Verbindung gebracht. Hierauf soll der schwarze „Boden" im Wappen hinweisen. Die beiden Ähren erinnern an den Haupterwerbszweig der Gemeinde, nämlich die Landwirtschaft. Das Deutschordenskreuz bezieht sich auf die Stiftung der Burg und Herrschaft Rinkenburg, zu der Fleischwangen gehörte, an die Deutschordenskommende Altshausen im Jahre 1296. Die Gemeinde gehörte dem Orden bis 1806. Am 11. Mai 1976 hat das Landratsamt Ravensburg das Wappen und die Flagge verliehen.

FLEISCHWANGEN

FRICKINGEN, *Bodenseekreis.* – Wappen: In Gold (Gelb) ein blau bewehrter und blau bezungter roter Adler, belegt mit einem zweimal von Gold (Gelb) und Rot schräg geteilten Brustschild. – Flagge: Rot-Gelb (Rot-Gold).

Die neue Gemeinde Frickingen ist am 1. Januar 1973 aus der Vereinigung des gleichnamigen Ortes mit Altheim und Leustetten hervorgegangen. Der blau bewehrte und bezungte rote Adler im goldenen Schild ist die Wappenfigur des Hauses Fürstenberg. Er bezieht sich hier auf die historischen Beziehungen des jetzigen Gemeindegebietes zu diesem fürstlichen Hause beziehungsweise zu dessen Herrschaft Heiligenberg. Der Herzschild enthält das durch zweimalige Schrägteilung geringfügig veränderte badische Wappen, das an die allen Gemeindeteilen von 1806 bis 1952 gemeinsame Zugehörigkeit zu Baden erinnert. Das Landratsamt hat das Wappen und die Flagge am 5. März 1980 verliehen.

FRICKINGEN

FRIEDRICHSHAFEN, Stadt, *Bodenseekreis.* – Wappen: In gespaltenem Schild vorne in Gold (Gelb) eine bewurzelte grüne Buche, hinten in Rot ein silbernes (weißes) Hifthorn (Mundstück unten) mit goldener (gelber) Fessel und goldenen (gelben) Beschlägen. – Flagge: Grün-Weiß (Grün-Silber).

Die Reichsstadt Buchhorn führte die „redenden" Wappenfiguren, die auch nach der von König Friedrich von Württemberg veranlaßten Umbenennung in Friedrichshafen gültig blieben. Seit 1274 sind Abdrücke von Stadtsiegeln belegt, in denen unter dem Reichsadler zunächst noch die mit dem Hifthorn beheftete Buche, im 15. Jh. aber die von zwei Hifthörnern begleitete Buche zu sehen ist. In kleineren Siegeln des 15. und 16. Jh. entfiel der Adler, und das Horn wurde vorne neben der Buche abgebildet. Eine Darstellung in Richentals Konstanzer Konzilschronik gibt im wesentlichen das heutige Wappen wieder, doch ist das Horn dort noch schwarz tingiert. Seit 1885 hat sich die silberne (weiße) Tingierung dieser Figur durchgesetzt. Die Flaggenfarben wurden von den Figuren des Wappens abgeleitet.

FRIEDRICHSHAFEN

FRONREUTE

FRONREUTE, *Lkr. Ravensburg.* – Wappen: In geteiltem Schild oben in Gold (Gelb) ein schreitender, hersehender blauer Löwe, unten von Rot und Gold (Gelb) mit drei Teilungen schräg gerautet. – Flagge: Gelb-Rot (Gold-Rot).

Durch Vereinigung von Blitzenreute und Fronhofen wurde am 1. September 1972 die Gemeinde Fronreute gebildet. So wie der Name der neuen Gemeinde eine Kombination von Namensbestandteilen ihrer beiden kommunalen Vorgängerinnen darstellt, vereinigt auch das neue Gemeindewappen Bestandteile der beiden früheren Wappen in sich. Blitzenreute wird durch die obere Schildhälfte repräsentiert. Schon sein früheres Wappen zeigte den mit – gegenüber dem Adelswappen – ausgetauschten Farben dargestellten hersehenden Löwen der Herren von Bigenburg, deren Burgsitz hier stand. Ebenso steht die untere, vom Rautenschild der aus dem Fronhofer Ortsadel hervorgegangenen Grafen von Königsegg abgeleitete Hälfte des neuen Gemeindewappens für Fronhofen, das den Rautenschild zuvor ohne Zutat geführt hatte. Am 24. Juni 1980 verlieh das Landratsamt das Wappen und die Flagge.

GAMMERTINGEN

GAMMERTINGEN, Stadt, *Lkr. Sigmaringen.* – Wappen: In Silber (Weiß) nebeneinander eine aufrechte blaue Hirschstange und ein rot bewehrter und rot bezungter blauer Löwe. – Flagge: Blau-Weiß (Blau-Silber).

Das älteste, dem späten 14. Jh. entstammende, in Abdrücken von 1412 bis ins 19. Jh. hinein belegte Stadtsiegel zeigt ein nicht identifizierbares, aufgerichtetes vierbeiniges Tier vor der aufrechten Hirschstange. Das Tier wurde zeitweilig als Bär oder Hund mißverstanden, doch kann es sich nach einer Zeichnung von 1535 dabei nur um den Löwen als das Wappentier der Grafen von Gammertingen handeln. Die Hirschstange läßt sich vom Wappen der Grafen von Veringen ableiten, unter deren Herrschaft Gammertingen im 13. Jh. Stadt geworden ist. In einer Zeichnung von 1535 wurde sie allerdings schwarz tingiert und so mit Württemberg in Verbindung gebracht, das die Stadt 1447 und 1541 vorübergehend besessen bzw. beansprucht hatte. Am 19. Januar 1965 verlieh das Innenministerium das in die jetzige Form gebrachte Wappen samt der Flagge.

GEISLINGEN

GEISLINGEN, Stadt, *Zollernalbkreis.* – Wappen: Unter silbernem (weißem) Schildhaupt in Rot zwei silberne (weiße) Zickzackbalken. – Flagge: Weiß-Rot (Silber-Rot).

Die am 1. Januar 1975 zur Stadt erhobene Gemeinde hat ihr Wappen im Jahre 1927 mit Beratung der Archivdirektion Stuttgart festgelegt. Es handelt sich um eine vereinfachte Darstellung des Familienwappens der Herren von Bubenhofen, die im 14. und bis in das 16. Jh. hinein ein Rittergut, zeitweilig auch die hohe und niedere Gerichtsbarkeit im Ortsteil Geislingen innehatten. Im Schildhaupt über den bubenhofischen Zickzackbalken war zunächst noch die württembergische Hirschstange abgebildet worden. Da die Gemeinde nicht altwürttembergisch war, verzichtete sie in den dreißiger Jahren auf diese Figur. Das silberne Schildhaupt über Rot erinnert an das ähnlich geteilte Wappen der Grafschaft Hohenberg, zu der die Ortsteile Binsdorf und Erlaheim einst gehört hatten. Das Landratsamt hat die Flagge am 24. Mai 1982 verliehen.

GOMADINGEN, *Lkr. Reutlingen.* – Wappen: Unter silbernem (weißem) Schildhaupt, darin eine schwarze Hirschstange, in Blau zwei goldene (gelbe) Schräglinksbalken. – Flagge: Gelb-Blau (Gold-Blau).

Mit Beschluß des Innenministeriums Württemberg-Hohenzollern vom 27. Februar 1948 wurde der Gemeinde das Wappen verliehen. Der blaue Schild mit zwei goldenen Schräglinksbalken soll an das Ortsadelsgeschlecht von Gomadingen erinnern, das dieses Wappen zuvor geführt hatte. Die württembergische Hirschstange, die wie im Münsinger Stadtwappen auf silbernem Grund erscheint, bezieht sich auf die frühere Zugehörigkeit aller Gemeindeteile zu Alt-Württemberg und zum Amts-, Oberamts- und Kreisverband Münsingen. Das Landratsamt Reutlingen hat die Flagge am 25. Mai 1982 verliehen.

GOMADINGEN

GOMARINGEN, *Lkr. Tübingen.* – Wappen: In Rot ein offener silberner (weißer) Flug. – Flagge: Weiß-Rot (Silber-Rot).

Während als Marksteinzeichen der Gemeinde für das Jahr 1683 die Namensinitiale G belegt ist, erscheint in einem Siegelabdruck aus dem Jahre 1684 über einer gestürzten Pflugschar die von drei (1:2) Rosen begleitete württembergische Hirschstange. Dieses Siegelbild war auch in den Gemeindedienstsiegeln bis etwa 1930 zu sehen. Hernach nahm die Gemeinde auf Grund eines Vorschlags der Archivdirektion Stuttgart vom 27. Juni 1929 das Wappen des ausgestorbenen Ortsadels und die daraus abgeleiteten Flaggenfarben an.

GOMARINGEN

GRABENSTETTEN, *Lkr. Reutlingen.* – Wappen: In Gold (Gelb) eine gestürzte blaue Pflugschar, beiderseits begleitet von je einer bewurzelten, gebogenen grünen Ähre. – Flagge: Grün-Gelb (Grün-Gold).

Im Jahre 1930 setzte die Gemeinde die Abbildung einer alten Buche, die damals an der Straße Grabenstetten—Böhringen auf den Resten des Heidengrabens gestanden hat, in ihre Dienstsiegel. Damals waren die nach Mitteilung des Bürgermeisteramts schon 1825 im Fleckensiegel belegten, auf die Landwirtschaft hinweisenden Wappenfiguren vorübergehend in Vergessenheit geraten. Nach Festlegung der Farben wurde das Wappen am 14. November 1967 vom Innenministerium verliehen.

GRABENSTETTEN

GRAFENBERG

GRAFENBERG, *Lkr. Reutlingen*. – Wappen: In Gold (Gelb) auf rotem Schildfuß drei grüne Rebstöcke an drei grünen Pfählen. – Flagge: Grün-Gelb (Grün-Gold).

Die Gemeindesiegel zeigten schon im 19. Jh. das jetzige Wappen im Siegelbild. Seine Figuren, für die 1937 auch Farben festgelegt worden sind, erinnern an den früheren Weinbau im Gemeindegebiet. Das Landratsamt Reutlingen hat das Wappen zusammen mit der Flagge am 6. Dezember 1976 verliehen.

GRIESINGEN

GRIESINGEN, *Alb-Donau-Kreis*. – Wappen: In Blau ein von Rot und Silber (Weiß) geteilter Schrägbalken, darunter eine, darüber zwei goldene (gelbe) Kugeln. – Flagge: Gelb-Blau (Gold-Blau).

Das Ortsadelsgeschlecht der Herren von Griesingen führte einen von Rot und Silber geteilten Schrägbalken in seinem schwarzen Wappenschild. Im Wappen der Gemeinde Griesingen erinnert der entsprechend geteilte Schrägbalken an diese Familie, während der blaue Schildgrund und die drei goldenen Kugeln vom Wappen der Freiherren von Freyberg abgeleitet sind, die den Ort von 1503 bis 1809 besessen haben. Das Innenministerium hat das Wappen und die Flagge am 28. März 1961 verliehen.

GROSSELFINGEN

GROSSELFINGEN, *Zollernalbkreis*. – Wappen: In einem von Silber (Weiß) und Schwarz gevierten Schild im ersten Feld zwei rote Zickzackbalken, im vierten Feld eine blaue Taube auf blauem Nest sitzend. – Flagge: Weiß-Schwarz (Silber-Schwarz).

Der Ort war in der ersten Hälfte des 14. Jh. mit der Herrschaft Haimburg als hohenbergisches Lehen in zollerischem Besitz. Der von Silber und Schwarz gevierte Zollernschild bildet deshalb die Grundlage des Gemeindewappens. In dessen erstem Feld erinnert eine vereinfachte Darstellung des Wappens der Herren von Bubenhofen an deren von 1428 bis 1522 belegte Ortsherrschaft. In diese Zeit führt das „ehrsame Narrengericht zu Grosselfingen" seinen Ursprung zurück. Auf dieses und den Kampf um den „Sommervogel", der in der örtlichen Fastnachtstradition eine große Rolle spielt, soll das Symbol der nistenden Taube im vierten Feld hinweisen. Das Wappen wurde am 13. Januar 1949 vom Innenministerium Württemberg-Hohenzollern, die Flagge am 30. Juni 1982 vom Landratsamt verliehen.

GRÜNKRAUT, *Lkr. Ravensburg.* – Wappen: In Gold (Gelb) auf grünem Dreiberg ein grünes Farnkraut mit vier Wedeln. – Flagge: Grün-Gelb (Grün-Gold).

Das „redende" Wappen geht auf einen Vorschlag der Archivdirektion Stuttgart vom August des Jahres 1935 zurück. Es wurde von der Gemeinde Grünkraut bald darauf akzeptiert, kam aber mitsamt der Flagge erst durch den Erlaß des Innenministeriums vom 23. März 1964 zur Verleihung.

GRÜNKRAUT

GRUNDSHEIM, *Alb-Donau-Kreis.* – Wappen: Unter silbernem (weißem) Schildhaupt in Rot ein am linken Schildrand aus silberner (weißer) Wolke hervorbrechender silbern (weiß) gerüsteter Rechtarm, mit der silbern (weiß) gerüsteten Hand eine silberne (weiße) Tulpe an schräglinkem grünem Stengel mit zwei grünen Blättern haltend. – Flagge: Weiß-Rot (Silber-Rot).

Im Jahre 1930 legte die Gemeinde das nur durch ein Schildhaupt vom vierten Feld des gräflich bissingen-nippenburgischen Wappens unterschiedene Bildkennzeichen fest. Die Freiherren und späteren Grafen von Bissingen-Nippenburg besaßen Grundsheim von 1636 bis 1789. Das Landratsamt Alb-Donau-Kreis hat die Flagge am 12. November 1981 verliehen.

GRUNDSHEIM

GUGGENHAUSEN, *Lkr. Ravensburg.* – Wappen: Über blauem Wellenschildfuß von Gold (Gelb) und Rot mit drei Teilungen schräg gerautet. – Flagge: Gelb-Rot (Gold-Rot).

Die roten und goldenen Rauten sind vom Wappen der Herren, seit 1629 Grafen von Königsegg, abgeleitet, deren gleichnamiges Schloß auf Markung Guggenhausen steht. Der Wellenschildfuß soll auf den „Guggenhauser See" hinweisen. Das Landratsamt Ravensburg hat das Wappen und die Flagge am 26. August 1980 verliehen.

GUGGENHAUSEN

GUTENZELL-HÜRBEL, *Lkr. Biberach.*
Die Gemeinde hat bis zum Redaktionsschluß noch kein Wappen festgelegt.

GUTENZELL-HÜRBEL

HAGNAU AM BODENSEE

HAGNAU AM BODENSEE, *Bodenseekreis.* – Wappen: In gespaltenem Schild vorne in Blau ein mit der Krümme zur Spaltung gewendeter goldener (gelber) Abtsstab, hinten in Silber (Weiß) an grünem Rebzweig mit zwei grünen Blättern eine blaue Traube. – Flagge: Gelb-Blau (Gold-Blau).

Die Weinbaugemeinde führte im 19. Jh. eine Traube als Siegelbild, doch wurde letztere gegen Ende des 19. Jh. vorübergehend von der nicht begründeten naturalistischen Darstellung eines ruhenden Löwen abgelöst, die in einem Schild erschien. Im Jahre 1963 verlieh das Innenministerium das Wappen und die Flagge. Der Abtsstab erinnert an die historischen Beziehungen der Gemeinde zu zahlreichen geistlichen Herrschaften und Besitzern, vorab zum Kloster Weingarten, das hier schon 1270 eine eigene Verwaltung besaß. Dieses Kloster konnte 1693 die Orts- und Grundherrschaft wie auch die landeshoheitlichen Rechte an sich bringen. Der Rebzweig mit der Traube bezieht sich auf den Weinbau.

HAIGERLOCH

HAIGERLOCH, Stadt, *Zollernalbkreis.* – Wappen: Von Silber (Weiß) und Rot geteilter Schild. – Flagge: Weiß-Rot (Silber-Rot).

Wie die einstmals hohenbergischen Städte Rottenburg und Horb führte auch die alte Stadt Haigerloch das von Silber und Rot geteilte Wappen ihrer Herrschaft. Der in Stadtsiegel-Abdrücken seit 1321 nachgewiesene geteilte Schild blieb auch während der von 1356 bis 1381 bezeugten Trennung Haigerlochs in eine obere und eine untere Stadt das Siegelbild beider selbständiger Städte. Ebenso überdauerte er den Übergang der wieder vereinigten Stadt an Österreich im Jahre 1381 wie auch den Übergang an Hohenzollern im Jahre 1497. Auch die nach Eingliederung von sechs Orten durch Vereinigung der alten Stadt Haigerloch mit Gruol und Owingen gebildete neue Stadt Haigerloch griff wieder auf dieses Wappen, das auch die gemeinsame historische Verbindung sämtlicher Stadtteile zur Grafschaft Hohenberg anspricht, zurück. Es wurde ihr vom Landratsamt am 11. Mai 1976 samt der Flagge verliehen.

HAUSEN AM BUSSEN, *Alb-Donau-Kreis*.
Die Gemeinde Hausen am Bussen hat bis zum Redaktionsschluß noch kein Wappen festgelegt.

HAUSEN AM BUSSEN

HAUSEN AM TANN, *Zollernalbkreis*. – Wappen: In Blau zwei schräglinke silberne (weiße) Dietriche (Wolfsfangeisen) übereinander. – Flagge: Weiß-Blau (Silber-Blau).

Ein aus dem 19. Jh. stammendes, bis 1930 in Gebrauch befindliches Schultheißenamtssiegel enthält ein nicht heraldisch aufgefaßtes Siegelbild. Die zwischen zwei Sträuchern dargestellte hohe Tanne bezieht sich darin auf den Gemeindenamen. Das am 13. Februar 1950 vom Innenministerium Württemberg-Hohenzollern verliehene Wappen ist dagegen vom Familienwappen des Dietrich Speth abgeleitet, der den Ort bis 1530 besessen hatte. Statt der drei schrägen Dietriche, die auch als Wolfsfangeisen bezeichnet werden, sind im Gemeindewappen nur zwei schräglinke Dietriche dargestellt. Das Landratsamt hat die Flagge am 31. März 1982 verliehen.

HAUSEN AM TANN

HAYINGEN, Stadt, *Lkr. Reutlingen*. – Wappen: In Blau über einer aus dem Unterrand emporkommenden und dessen Biegung folgenden, beiderseits mit je einem rot bedachten silbernen (weißen) Turm besetzten silbernen (weißen) Zinnenmauer ein goldener (gelber) Schild, darin ein angehackter roter Schrägbalken. – Flagge: Rot-Gelb (Rot-Gold).

Seit dem 15. Jh. sind Stadtsiegel von Hayingen bekannt, die zunächst die heutigen Wappenfiguren, von etwa 1810 bis etwa 1920 jedoch lediglich den Wappenschild mit dem angehackten Schrägbalken als Siegelbild aufwiesen. Es handelt sich um das Wappen der Herren von Gundelfingen, denen die Stadt bis zu deren Aussterben im 16. Jh. gehört hat. Die am 1. Januar 1975 durch Vereinigung von fünf Orten gebildete neue Stadt Hayingen griff auf das Wappen und die Flagge ihrer gleichnamigen Vorgängerin zurück. Beide wurden ihr am 8. September 1978 vom Landratsamt verliehen.

HAYINGEN

HECHINGEN

HECHINGEN, Stadt, *Zollernalbkreis*. – Wappen: Von Silber (Weiß) und Schwarz gevierter Schild. – Flagge: Von Weiß und Schwarz (Silber und Schwarz) geviert.

Die von den Grafen von Zollern gegründete Stadt führte in ihren seit 1318 in Abdrücken belegten Siegeln von Anfang an den gevierten Zollernschild. Nach einer Wappensage soll ein Gansfuß im ältesten Stadtwappen zu sehen gewesen sein, doch dürfte es sich dabei nur um eine Mißdeutung der Erbkämmererstäbe des gräflich hohenzollerischen Wappens im Rathaus handeln. Dieses Herrschaftswappen war zeitweilig irrtümlich als das Stadtwappen angesehen worden. Auf die erwähnte Wappensage geht die Darstellung eines Gansfußes im Hechinger Narrenorden zurück. Im Rathaus befindet sich eine Plastik des Bildhauers Fritz von Grävenitz aus dem Jahre 1936, die das vom preußischen Adler gehaltene und geschützte Stadtwappen mit dem gevierten Schild zeigt.

HEILIGENBERG, *Bodenseekreis*.
Während die gleichnamige frühere Gemeinde das Schildbild der Grafen von Heiligenberg führte, steht die Verleihung des Rechts zur Wappen- und Flaggenführung an die 1975 durch Vereinigung dreier Orte gebildete neue Gemeinde Heiligenberg bis zum Redaktionsschluß noch aus.

HEILIGENBERG

HERBERTINGEN

HERBERTINGEN, *Lkr. Sigmaringen*. – Wappen: In Blau auf grünem Dreiberg ein aufgerichteter goldener (gelber) Hirsch, im Maul einen im Wechsel silbern (weiß) und rot befiederten schwarzen Pfeil haltend. – Flagge: Weiß-Blau (Silber-Blau).

Kaiser Leopold I. stellte der Gemeinde Herbertingen am 6. November 1682 einen Wappenbrief aus, der das heute noch verwendete Gemeindewappen aufweist. Sein Schildbild soll wahrscheinlich an das einstmals offenbar beliebte Jagdgebiet erinnern. In Herbertingen hat einst ein Jägerhaus und bis zu den Jahren 1812/1813 auch ein Tiergarten und ein Jagdschloß bestanden.

HERDWANGEN-SCHÖNACH, *Lkr. Sigmaringen.* – Wappen: Von Schwarz und Silber (Weiß) erhöht schräglinks geteilt, in Schwarz ein sechsstrahliger silberner (weißer) Stern und eine nach der Teilung verlaufende silberne (weiße) Leiste, in Silber (Weiß) auf grünem Hügel eine zweitürmige rote Burgruine, links oben ein sechsstrahliger schwarzer Stern. – Flagge: Rot-Weiß (Rot-Silber).

Die am 1. Juli 1974 durch Vereinigung gebildete Gemeinde verbindet in ihrem Schild Wappenbestandteile ihrer drei Vorgängerinnen, nämlich die Sterne von Herdwangen, die Burgruine von Großschönach und die silberne Leiste von Oberndorf. Das Landratsamt Sigmaringen hat das Wappen und die Flagge am 29. August 1983 verliehen.

HERDWANGEN-SCHÖNACH

HEROLDSTATT, *Alb-Donau-Kreis.* – Wappen: In Blau ein silberner (weißer) Dornenschrägbalken, beiderseits begleitet von je zwei sechsstrahligen goldenen (gelben) Sternen. – Flagge: Gelb-Blau (Gold-Blau).

Die Gemeinde Heroldstatt ist am 1. Oktober 1973 aus der Vereinigung von Ennabeuren und Sontheim hervorgegangen. In ihrem Wappen beziehen sich der Dornenschrägbalken aus dem Wappen der Herren von Steußlingen und die Sterne aus dem des Klosters Zwiefalten zunächst auf die Geschichte des namengebenden Weilers, der um 1100 von Otto von Steußlingen diesem Kloster übereignet wurde. Die Kirche in Heroldstatt bildete seit dem 12. Jh. einen Mittelpunkt zwiefaltischen Besitzes in dieser Gegend, der auch Güter und Einkünfte in Ennabeuren und Sontheim umfaßte. Das Innenministerium hat das Wappen und die Flagge am 8. November 1974 verliehen.

HEROLDSTATT

HETTINGEN, Stadt, *Lkr. Sigmaringen.* – Wappen: In gespaltenem Schild vorne in Grün ein aufgerichteter goldener (gelber) Löwe, hinten in Silber (Weiß) zwei verschlungene grüne Ringe übereinander. – Flagge: Gelb-Grün (Gold-Grün).

Am 1. Januar 1975 wurde die Stadt Hettingen durch Vereinigung der gleichnamigen alten Stadt mit der Gemeinde Inneringen gebildet. Ihr vom Landratsamt Sigmaringen am 6. Oktober 1977 zusammen mit der Flagge verliehenes Wappen verbindet die Hauptfiguren der beiden Vorgängerwappen miteinander. Im grünen Schild des früheren Hettinger Wappens erschien der goldene Löwe unter einer goldenen Hirschstange. Dieses Schildbild ist in Stadtsiegeln seit 1463 belegt. Es dürfte wie das figurengleiche Wappen der Stadt Gammertingen zu deuten sein. Die verschlungenen Ringe sind das im Fleckensiegel seit 1799 belegte „redende" Ortszeichen von Inneringen, das später auch in das Wappen dieser ehemaligen Gemeinde gelangte. Seine Farben wurden wegen der heraldischen Farbregeln vertauscht.

HETTINGEN

HIRRLINGEN

HIRRLINGEN, *Lkr. Tübingen.* – Wappen: In Rot eine gestürzte silberne (weiße) Pflugschar. – Flagge: Weiß-Rot (Silber-Rot).

Im 19. Jh. führte die Gemeinde Dienstsiegel, deren Wappen einen Schrägbalken zeigt, der mit einer gestürzten Pflugschar belegt ist. Dieses landwirtschaftliche Symbol wurde spätestens seit 1920 als Pfeil bezeichnet und dargestellt. In Hirrlingen wird nämlich ein Pfeil verwahrt, den die Legende mit dem heiligen Sebastian in Verbindung bringt. Im Jahre 1962 erfolgte die Neugestaltung des Wappens, das – nach Verzicht auf den nicht motivierten Schrägbalken – wieder die gestürzte Pflugschar aufweist. Silber und Rot sind die Farben der Grafschaft Hohenberg, unter deren Lehensherrschaft Hirrlingen gestanden hat. Das Wappen wurde vom Innenministerium am 19. Februar 1963 mit der Flagge verliehen.

HOCHDORF

HOCHDORF, *Lkr. Biberach.* – Wappen: Von Rot, Silber (Weiß), Schwarz und Silber (Weiß) schräg geviert, die Vierung überdeckt mit einem liegenden, bewurzelten roten Lilienstab, im unteren schwarzen Feld ein durchgehendes goldenes (gelbes) Kreuz. – Flagge: Rot-Weiß (Rot-Silber).

Das Wappen der am 1. Januar 1975 aus der Vereinigung von Hochdorf, Schweinhausen und Unteressendorf hervorgegangenen neuen Gemeinde Hochdorf enthält je eine Figur aus den erloschenen Wappen der Vorgängergemeinden. Der schräg gevierte Schild leitet sich vom Wappen von Unteressendorf, das goldene Kreuz in Schwarz von dem von Schweinhausen und der Lilienstab vom früheren Hochdorfer Wappen ab. Die österreichischen Wappenfarben Rot und Silber erinnern an die allen Ortsteilen gemeinsamen historischen Beziehungen zu Österreich. Das Landratsamt hat am 7. Dezember 1979 das Wappen und die Flagge verliehen.

HOHENSTEIN

HOHENSTEIN, *Lkr. Reutlingen.* – Wappen: In Rot auf grünem Hügel ein goldener (gelber) Quaderturm (Ruine mit am Tor und Fenster durchscheinendem Schildgrund) beiderseits begleitet von je einem nach oben und außen gewendeten silbernen (weißen) Dietrich. – Flagge: Gelb-Rot (Gold-Rot).

Aus der Vereinigung von fünf Orten ist am 1. Januar 1975 die Gemeinde Hohenstein hervorgegangen. In ihrem Wappen bezieht sich der Quaderturm auf die Ruine der Burg Hohenstein und damit auf den Gemeindenamen. Die silbernen Dietriche auf rotem Grund sind dem Wappen der Burgherren Kaib von Hohenstein beziehungsweise der ihnen verwandten, dem Gemeindegebiet gleichfalls historisch verbundenen Herren von Speth entnommen. Am 1. August 1977 verlieh das Landratsamt das Wappen samt der Flagge.

HOHENTENGEN, *Lkr. Sigmaringen.* – Wappen: In Schwarz ein aufgerichteter, doppelschwänziger, rot bezungter goldener (gelber) Löwe, mit den Vorderpranken ein rotes Schildchen, darin ein silberner (weißer) Balken, haltend.

Kaiser Leopold verlieh den Ammännern und Gerichten des Amts Hohentengen am 6. November 1682 das später auf die Gemeinde Hohentengen übergegangene Wappen. Die Oberhoheit über das Amt Hohentengen hatten damals die Truchsessen von Waldburg, deren goldener Schild drei schwarze Löwen zeigt, als österreichisches Lehen inne. Der in ausgetauschten Farben im Wappen von Hohentengen erscheinende Löwe, der den österreichischen „Bindenschild" in den Pranken hält, darf vielleicht als Hinweis auf dieses ehemalige Rechtsverhältnis angesehen werden.

HOHENTENGEN

HOLZKIRCH, *Alb-Donau-Kreis.* – Wappen: In Rot auf grünem Boden eine eintürmige silberne (weiße) Kirche, unten überdeckt von einer durchgehenden silbernen (weißen) Quadermauer mit verschlossenem Tor. – Flagge: Weiß-Rot (Silber-Rot).

Die Wappenfigur der Kirche bezieht sich auf den Namen der Gemeinde, der wohl als „Kirche im Wald" aufzufassen ist. Holzkirch gehörte zur Herrschaft Albeck, die im 13. Jh. im Besitz der Markgrafen von Burgau und danach bis 1385 in dem der Grafen von Werdenberg gewesen ist. An diese beiden Geschlechter sollen im Gemeindewappen deren Wappenfarben Silber und Rot erinnern. Das Wappen wurde am 2. Mai 1956 vom Innenministerium, die Flagge am 15. Januar 1982 vom Landratsamt verliehen.

HOLZKIRCH

HORGENZELL, *Lkr. Ravensburg.* – Wappen: In Rot eine silberne (weiße) Stufengiebelspitze, belegt mit einem roten Tatzenkreuz (Kreuzlinger Kreuz). – Flagge: Weiß-Rot (Silber-Rot).

Am 1. März 1972 wurde die neue Gemeinde Horgenzell durch Vereinigung von Hasenweiler, Kappel, Wolketsweiler und Zogenweiler gebildet. Sie legte ein Wappen fest, in dem das „Kreuzlinger Kreuz" an den ehemaligen Besitz des Klosters Kreuzlingen im namengebenden Weiler Horgenzell wie auch in anderen Teilen der Gemeinde erinnern soll. Der Stufengiebel ist ein Charakteristikum verschiedener Kirchtürme im Gemeindebereich. Alle vier eingangs genannten Teilorte unterstanden zeitweilig der hohen Obrigkeit der österreichischen Landvogtei Schwaben, weshalb die österreichischen Farben Silber (Weiß) und Rot gewählt worden sind. Das Innenministerium hat das Wappen und die Flagge am 18. Juni 1975 verliehen.

HORGENZELL

HOSSKIRCH

HOSSKIRCH, *Lkr. Ravensburg.* – Wappen: In Rot über einer gequaderten goldenen (gelben) Zinnenmauer ein mit dem Bart rechtshin liegender goldener (gelber) Schlüssel. – Flagge: Gelb-Rot (Gold-Rot).

Das Kloster Weingarten und die Herren von Fronhofen, die die Vogtei ausübten, errichteten hier 1269 eine Stadt, die mit Wall, Graben und zwei Toren versehen war. An diese nur kurze Zeit währende Stadteigenschaft soll die Zinnenmauer im Wappen erinnern. Der Schlüssel ist das Attribut des Patrons der Pfarrkirche St. Petrus. Gold und Rot sind die Wappenfarben der Grafen von Königsegg, die 1286 die Vogtei und in den Jahren nach 1527 auch die Grundherrschaft über den Ort erlangten. Das Innenministerium hat das Wappen und die Flagge am 18. September 1968 verliehen.

HÜLBEN

HÜLBEN, *Lkr. Reutlingen.* – Wappen: In Silber (Weiß) über einem schwarzen Wellenschildfuß ein schwarzer Balken. – Flagge: Schwarz-Weiß (Schwarz-Silber).

Das bis 1930 gebrauchte, vermutlich dem 19. Jh. entstammende Schultheißenamtssiegel zeigt eine mit Laubzweigen bekränzte gestürzte Pflugschar als Symbol für die Landwirtschaft. Nach einem Gemeinderatsbeschluß vom 12. März 1948 sollte das Wappen der bereits damals nicht mehr landwirtschaftlich geprägten Gemeinde andere Figuren enthalten. Durch Beschluß des Innenministeriums Württemberg-Hohenzollern vom 26. April 1951 wurden schließlich das obige Wappen und die Flagge verliehen. Der Wellenschildfuß bezieht sich auf den Gemeindenamen, der von „hülwe" = Lache oder See abgeleitet wird. Der Balken soll an die Ritter von Dettingen erinnern, die in Hülben Besitz hatten. Die Familie des Cudis miles de Tettingen führte diese Wappenfigur.

HÜTTISHEIM

HÜTTISHEIM, *Alb-Donau-Kreis.* – Wappen: In einem von Blau und Silber (Weiß) geteilten Schild ein schräglinker Abtsstab in verwechselten Farben. – Flagge: Blau-Weiß (Blau-Silber).

Der schräglinke Abtsstab repräsentiert im Gemeindewappen die historischen Beziehungen Hüttisheims zu der Benediktinerabtei Wiblingen. Dieses schon 1194 in diesem Ort begüterte Kloster kaufte 1346 von den Grafen von Kirchberg auch die Vogtei und 1507 den Burgstall von Hüttisheim. Der geteilte Schild in den gegenüber dem Stammwappen des noch blühenden Geschlechts der Freiherren von Freyberg absichtlich ausgetauschten Farben Blau und Silber soll daran erinnern, daß das genannte Kloster das Patronat der Hüttisheimer Kirche von der Herrschaft Bronnen erworben hat, die wohl schon im 14. Jh. und bis 1639 im Besitz der Herren von Freyberg gewesen ist. Das Wappen wurde von der Landesregierung am 12. September 1955, die Flagge vom Landratsamt am 11. Januar 1982 verliehen.

ILLERKIRCHBERG, *Alb-Donau-Kreis*. – Wappen: In gespaltenem Schild vorne in Gold (Gelb) eine aus einem grünen Dreiberg wachsende, nach links gewendete, rot gekleidete und rot gekrönte Mohrin (Ecclesia), in der Linken eine rote Mitra haltend, hinten in Schwarz ein doppelarmiges goldenes (gelbes) Kreuz (Patriarchenhochkreuz). – Flagge: Rot-Gelb (Rot-Gold).

Am 1. April 1972 wurde die Gemeinde Illerkirchberg durch Vereinigung von Ober- und Unterkirchberg gebildet. Beide Gemeinden hatten bis dahin die schwarzhäutige, gekrönte, eine Mitra in der Rechten haltende Symbolfigur der Kirche (die im Hohenlied der Bibel beschriebene dunkelhäutige Braut) im Wappen geführt. Auf einem Dreiberg stehend, macht diese Wappenfigur der Grafen von (Fugger-)Kirchberg auch das vom Innenministerium am 11. Juli 1979 mit der Flagge verliehene Wappen der neuen Gemeinde Illerkirchberg „redend". Dieses enthält auch das vom Wappen des Klosters Wiblingen und der früheren Gemeinde Unterkirchberg unter Austausch der Felder abgeleitete Patriarchenhochkreuz. Wiblingen übte einst das Patronatsrecht über die Unterkirchberger Kirche aus.

ILLERKIRCHBERG

ILLERRIEDEN, *Alb-Donau-Kreis*. – Wappen: In Silber (Weiß) ein durchgehendes schwarzes Kreuz, oben rechts und unten links von einer roten Lilie, oben links und unten rechts von einer blauen Lilie bewinkelt. – Flagge: Schwarz-Weiß (Schwarz-Silber).

Nach der Eingliederung von Dorndorf in die frühere Gemeinde Illerrieden fand am 1. März 1972 die Vereinigung der letzteren mit Wangen zur neuen Gemeinde Illerrieden statt. In deren Wappen weist das schwarze Deutschordenskreuz auf silbernem Grund darauf hin, daß Illerrieden vom 16. bis ins 19. Jh. hinein der Landkomturei Altshausen dieses Ordens unterstand, die hier eine Burgvogtei unterhielt. Die vier ebenfalls aus dem Wappen der gleichnamigen früheren Gemeinde übernommenen Lilien sind letztlich auf heraldische Traditionen der Grafen von Kirchberg beziehungsweise von Fugger-Kirchberg-Weißenhorn zurückzuführen und erinnern an die vielfältigen historischen Beziehungen der drei Teilorte zu diesen Geschlechtern. Das Wappen und die Flagge wurden am 11. November 1975 vom Innenministerium verliehen.

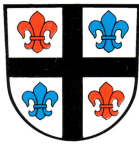

ILLERRIEDEN

ILLMENSEE, *Lkr. Sigmaringen*. – Wappen: In Rot über einem goldenen (gelben) Dreiberg ein springender silberner (weißer) Fisch.

Im 19. Jh. wiesen die Gemeindesiegel die Initiale des Ortsnamens auf, die entweder mit zwei Laubzweigen bekränzt oder von zwei gebogen abwärts schwimmenden Fischen begleitet war. Die letzteren sollten wohl auf die Seen der Umgebung und damit auch auf den Gemeindenamen hinweisen. Seit dem Jahre 1901 führt die Gemeinde das Wappen des 1591 in der Schweiz ausgestorbenen Geschlechts Irmensee, das auf den Ortsadel der Herren von Illmensee zurückgeführt wird.

ILLMENSEE

IMMENSTAAD

IMMENSTAAD, *Bodenseekreis.* – Wappen: In rotem Schild mit einem im Wellenschnitt von Blau und Silber (Weiß) geteilten Bord zwei schräg gekreuzte goldene (gelbe) Pilgerstäbe, darüber eine goldene (gelbe) Pilgermuschel, darunter eine goldene (gelbe) Kleeblattkrone.

Das älteste bekannte Siegel aus dem Jahr 1583 zeigt den heiligen Jodokus als Pilger mit einer Krone zu seinen Füßen. Gemeindesiegel des 19. Jh. weisen nur noch Attribute dieses Patrons der Pfarrkirche auf, nämlich Pilgerstäbe, eine Pilgerflasche und die Fürstenkrone, auf die Jodokus verzichtet hat. Im Jahre 1913 wurde schließlich das jetzige Wappen festgelegt. Der fürstenbergische Bord soll daran erinnern, daß der Ort zunächst teilweise, von 1783 bis 1806 ganz zur fürstenbergischen Herrschaft Heiligenberg, von 1824 bis 1842 – unter badischer Landeshoheit – zum fürstenbergischen Amt Heiligenberg gehörte.

INGOLDINGEN

INGOLDINGEN, *Lkr. Biberach.* – Wappen: In Grün ein aufgerichtetes goldenes (gelbes) Roß, rechts unten ein silbernes (weißes) Patriarchenhochkreuz mit Kleeblattenden. – Flagge: Gelb-Grün (Gold-Grün).

Nachdem Grodt, Muttensweiler und Winterstettendorf bereits in den Jahren 1972 bis 1974 in die frühere Gemeinde Ingoldingen eingegliedert worden waren, vereinigte sich die letztere am 1. Januar 1975 mit Winterstettenstadt zur neuen Gemeinde Ingoldingen. Im Wappen, das vom Landratsamt Biberach am 14. Februar 1979 mit der Flagge verliehen worden ist, soll das goldene Roß an die in dieser Gegend früher bedeutende Pferdezucht sowie an den landwirtschaftlichen Charakter der Gesamtgemeinde erinnern. Das Kreuz mit den beiden Querbalken weist die übliche Form der örtlichen Kirchturmkreuze auf.

INZIGKOFEN

INZIGKOFEN, *Lkr. Sigmaringen.* – Wappen: In geteiltem Schild oben in Silber (Weiß) ein golden (gelb) bewehrter, rot bezungter schwarzer Eberkopf, unten in Rot ein stehender goldener (gelber) Hirsch. – Flagge: Schwarz-Weiß (Schwarz-Silber).

Der Eberkopf ist die Wappenfigur der Herren von Reischach, die Inzigkofen während des ersten Viertels des 15. Jh. besessen haben, während der Hirsch auf die einstige Zugehörigkeit des Ortes zur Grafschaft Sigmaringen hinweisen soll. Das Innenministerium hat das Wappen am 27. Juni 1955 und die Flagge am 2. Januar 1968 verliehen.

ISNY IM ALLGÄU, Stadt, *Lkr. Ravensburg*. – Wappen: In Schwarz ein golden (gelb) gekrönter goldener (gelber) Adler (Reichsadler) mit silbernem (weißem) Brustschild, darin ein mit den Stollen abwärts gekehrtes schwarzes Hufeisen. – Flagge: Grün-Rot.

Das in einem Abdruck des Jahres 1288 überlieferte älteste bekannte Stadtsiegel zeigt die „redende" Wappenfigur des Hufeisens (Isen), das in späteren Siegeln seit der Mitte des 14. Jh. zum Teil neben dem Patron der Isnyer Klosterkirche St. Georg und dessen Attributen Rad, Roß und Drache dargestellt wurde. Kaiser Friedrich III. besserte dieses Wappen der 1365 reichsunmittelbar gewordenen Stadt am 1. August 1488, indem er es als Brustschild dem in ausgetauschten Farben wiedergegebenen Reichsadler auflegte. Damit wurde die tatkräftige Mitwirkung der Stadt im kaiserlichen Feldzug nach Flandern anerkannt. Die Herkunft der von der Stadt seit langem geführten Flaggenfarben, die im Wappen nicht enthalten sind, konnte nicht ermittelt werden.

ISNY IM ALLGÄU

JUNGINGEN, *Zollernalbkreis*. – Wappen: In gespaltenem Schild vorne in Blau eine silberne (weiße) Schere mit offenen halbrunden Griffbügeln, hinten von Silber (Weiß) und Blau geviert. – Flagge: Weiß-Blau (Silber-Blau).

Im Jahre 1823 verwendete die Gemeinde ein Siegel, in dem ein von einem Kranz umgebener gevierter Schild – wahrscheinlich der Zollernschild – zu sehen ist. Am 14. August 1937 verlieh der damals mit der Wahrnehmung der Aufgaben des Reichsstatthalters in den Hohenzollerischen Landen beauftragte Regierungspräsident in Sigmaringen das jetzige Wappen. Es vereinigt in sich zwei verschiedene heraldische Traditionen der Herren von Jungingen. Das ältere Wappen mit der Schere ist in Siegelabdrücken bis zum Jahre 1355 belegt. Spätestens seit 1367 erscheint der von Silber und Blau gevierte Schild. Das Innenministerium hat die Flagge am 3. Juli 1967 verliehen.

JUNGINGEN

KANZACH, *Lkr. Biberach*. – Wappen: In Gold (Gelb) ein achtschaufliges blaues Mühlrad mit vier schrägen Speichen, überdeckt mit einem schwebenden roten Kreuz mit Tatzenenden (Adelindiskreuz). – Flagge: Rot-Gelb (Rot-Gold).

Das rote „Adelindiskreuz" aus dem Wappen des ehemaligen reichsunmittelbaren Stifts Buchau soll daran erinnern, daß letzteres von 1442 bis zur Säkularisation im Jahre 1802 den größten Teil von Kanzach besessen hat. Das Mühlrad bezieht sich auf die 1361 als österreichisches Lehen erwähnte Mühle zu „Vochenloch" und die nach der Federseefällung 1808 entstandene neue Vollochmühle samt der danebenliegenden älteren Sägmühle.

KANZACH

KIRCHBERG AN DER ILLER

KIRCHBERG AN DER ILLER, *Lkr. Biberach*. – Wappen: In Silber (Weiß) auf grünem Berg eine rote Kirche (Giebelseite, links davon Turm mit Pyramidendach), rechts oben ein sechsstrahliger roter Stern. – Flagge: Rot-Weiß (Rot-Silber).

Die eintürmige Kirche war schon in dem 1930 verwendeten Schultheißenamtssiegel zu sehen gewesen. Im Jahre 1956 gab die Gemeinde Kirchberg an der Iller ihrem „redenden" Wappen die jetzige Gestalt. Der Stern ist vermutlich als Beizeichen in den Schild gesetzt worden. Er dient zur Unterscheidung von anderen Gemeindewappen, die Kirchen enthalten. Das Innenministerium hat die aus dem Wappen abgeleitete Flagge am 5. August 1968 verliehen.

KIRCHDORF AN DER ILLER

KIRCHDORF AN DER ILLER, *Lkr. Biberach*. – Wappen: In gespaltenem Schild vorne in Gold (Gelb) zwei schräg gekreuzte, brennende rote Kerzen, hinten in Rot eine dreilatzige goldene (gelbe) Fahne an drei goldenen (gelben) Trageringen. – Flagge: Rot-Gelb (Rot-Gold).

Spätestens um 1955 zeigten die nicht heraldisch aufgefaßten Siegelbilder der Gemeinde und des Pfarramts eine Kirche, letzteres darüber hinaus noch die zwei schräg gekreuzten Kerzen als das Attribut des Patrons St. Blasius. In dem vom Innenministerium am 9. Oktober 1956 samt der Flagge verliehenen Wappen bezieht sich das Attribut des Kirchenheiligen auf die im Gemeindenamen angesprochene alte Pfarrkirche. In der hinteren Schildhälfte erinnert die dreilatzige Fahne als Wappenfigur der Pfalzgrafen von Tübingen an deren zeitweilige Oberhoheit über das Dorf.

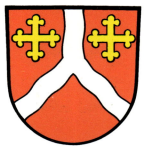

KIRCHENTELLINSFURT

KIRCHENTELLINSFURT, *Lkr. Tübingen*. – Wappen: In Rot ein silberner (weißer) Wellengöppel, oben begleitet von zwei goldenen (gelben) Kleeblattkreuzen. – Flagge: Weiß-Rot (Silber-Rot).

Der silberne Wellengöppel bezieht sich auf die Einmündung der Echaz in den Neckar im Gemeindegebiet. Rot und Silber sind die Wappenfarben der Grafen von Hohenberg, von denen die Ortsherrschaft 1381 an Österreich überging, an dessen rot-silbernes Wappen das Gemeindewappen gleichfalls erinnert. Die beiden Kleeblattkreuze sollen auf den ersten Bestandteil des Gemeindenamens weisen. Das Innenministerium hat das Wappen und die Flagge am 12. Januar 1960 verliehen.

KISSLEGG, *Lkr. Ravensburg.* – Wappen: In von Silber (Weiß) und Grün schräglinks geteiltem Schild ein aufgerichteter, feuerspeiender, im silbernen (weißen) Feld schwarzer, im grünen Feld silberner (weißer) Panther. – Flagge: Weiß-Grün (Silber-Grün).

Im Jahre 1930 äußerte die Gemeinde den Wunsch nach einem eigenen Wappen, das am Rathausneubau und in den damals neu zu beschaffenden Dienstsiegeln abgebildet werden sollte. Dieses Bildkennzeichen sollte nach den Vorstellungen der Gemeinde den Panther als das Wappentier der ehemaligen Ortsadelsfamilie und die in Kißlegg damals schon verwendeten Farben Silber (Weiß) und Grün enthalten. Dementsprechend gestaltete die Archivdirektion Stuttgart das Wappen in Anlehnung an das Siegel des Bertoldus de Kyselegge von 1276. Der Gemeinderat nahm das Wappen am 31. Oktober 1930 an und legte gleichzeitig die Flaggenfarben endgültig fest.

KISSLEGG

KÖNIGSEGGWALD, *Lkr. Ravensburg.* – Wappen: In gespaltenem Schild vorne von Rot und Gold (Gelb) schräg gerautet, hinten in Gold (Gelb) eine bewurzelte grüne Tanne. – Flagge: Gelb-Rot (Gold-Rot).

Das gerautete Familienwappen der Grafen von Königsegg in der vorderen Schildhälfte des Wappens bezieht sich auf deren hiesige Residenz. Damit spricht es den ersten Bestandteil des Gemeindenamens an. Die bewurzelte Tanne im hinteren Schildfeld bezieht sich auf die letzte Silbe des Namens. Das Innenministerium hat das Wappen und die Flagge am 21. April 1972 verliehen.

KÖNIGSEGGWALD

KRAUCHENWIES, *Lkr. Sigmaringen.* – Wappen: In geteiltem Schild oben in Silber (Weiß) auf grünem Dreiberg eine viersprossige rote Leiter, unten in Rot ein stehender goldener (gelber) Hirsch. – Flagge: Rot-Weiß (Rot-Silber).

Die Leiter und der Dreiberg waren die „redenden" Wappenfiguren der Herren von Leiterberg. Von diesen Nachfolgern des ursprünglichen Ortsadels gelangte die Gemeinde um 1290 durch Kauf an das Haus Habsburg. Die hohe Obrigkeit beziehungsweise Gerichtsbarkeit über den größten Teil des heutigen Gemeindegebiets stand der Grafschaft Sigmaringen zu, an die der goldene Hirsch in der roten unteren Schildhälfte hinweist. Das Wappen wurde vom Innenministerium Württemberg-Hohenzollern am 28. Januar 1949, die Flagge vom Innenministerium Baden-Württemberg am 31. Juli 1968 verliehen.

KRAUCHENWIES

KRESSBRONN AM BODENSEE

KRESSBRONN AM BODENSEE, *Bodenseekreis*. – Wappen: In Silber (Weiß) über zwei jeweils mit schwarzen Stielen zusammenhängenden Dreiergruppen schwarzer Kirschen eine dreilatzige golden (gelb) befranste rote Fahne mit drei goldenen (gelben) Trageringen.

Die 1934 durch Vereinigung zweier Orte gebildete Gemeinde Kreßbronn nahm im März des Jahres 1935 das Wappen an. Es verbindet die dreilatzige Fahne aus dem Wappen der Grafen von Montfort mit den auf einen beträchtlichen Obstanbau hinweisenden Kirschen. Die montfortische Herrschaft hatte sich bemüht, den Warenverkehr mit der Schweiz und Vorarlberg von Lindau weg über den hiesigen Umschlagplatz zu lenken, der aber erst im 18. Jh. Bedeutung erlangte.

KUSTERDINGEN

KUSTERDINGEN, *Lkr. Tübingen*.
Nach der 1974 erfolgten Eingliederung von Jettenburg in die frühere Gemeinde Kusterdingen vereinigte sich die letztere am 1. Januar 1975 mit Immenhausen, Mähringen und Wankheim zur neuen Gemeinde Kusterdingen. Diese hat bis zum Redaktionsschluß noch kein Wappen festgelegt.

LAICHINGEN

LAICHINGEN, Stadt, *Alb-Donau-Kreis*. – Wappen: In Blau eine goldene (gelbe) Egge. – Flagge: Gelb-Blau (Gold-Blau).

Obwohl Kaiser Karl IV. den Grafen von Württemberg bereits 1364 die Erlaubnis zur Ummauerung und Stadterhebung erteilt hatte, erlangte der Marktort Laichingen erst im Jahre 1950 Stadtrang. Dorfsiegel sind seit 1510 belegt. Sie zeigten bereits im Wappenschild die Egge, die mit dem einst erheblichen Flachsanbau der alten Webergemeinde in Verbindung gebracht wird. Nachdem dieses Dorfzeichen im Laufe des 19. Jh. vorübergehend in Vergessenheit geraten zu sein scheint, wurde es in Schwarzweiß-Darstellung als Wappen 1914 eingeführt und seit 1922 auf Grund einer im Gasthof zum Ochsen in Münsingen entdeckten, wohl im späten 17. Jh. entstandenen, irrtümlich mit Laichingen in Verbindung gebrachten Wappenscheibe golden im blauen Schild dargestellt. Auch die Flaggenfarben – zunächst für eine Turnvereins-Fahne – wurden aus diesem Wappen abgeleitet.

LANGENARGEN, *Bodenseekreis*. – Wappen: In Silber (Weiß) an drei goldenen (gelben) Trageringen eine dreilatzige, golden (gelb) befranste rote Fahne, oben belegt mit einem kurzen, doppelreihig von Schwarz und Gold (Gelb) gespickelten Balken. – Flagge: Rot-Weiß (Rot-Silber).

Um die Wende des 18. zum 19. Jh. verwendete das Obervogteiamt Langenargen ein Kanzleisiegel, dessen gespaltener Schild vorne die österreichische „Binde", hinten die dreilatzige montfortische Fahne zeigt. Die 1453 mit Stadtrecht begabte, aber in der Folge nicht in diesem Rang verbliebene Gemeinde stand – abgesehen von Verpfändungen – seit 1290 unter der Herrschaft der Grafen von Montfort, seit 1780 unter der von Österreich. Sie führt angeblich schon seit 1899, mindestens aber seit 50 Jahren, das montfortische Wappen in ihren Siegeln. Der gespickelte Balken sowie die goldenen (gelben) Ringe und Fransen sollen die Unterscheidung dieses Gemeindewappens vom figurengleichen Wappen des Landes Vorarlberg gewährleisten. Das Landratsamt hat die Flagge am 24. Juni 1982 verliehen.

LANGENARGEN

LANGENAU, Stadt, *Alb-Donau-Kreis*. – Wappen: In geteiltem, unten gespaltenem Schild oben in Gold (Gelb) ein springendes schwarzes Roß, darunter vorne in Rot an drei Ringen hängend eine dreilatzige, golden (gelb) befranste silberne (weiße) Fahne, hinten von Schwarz und Silber (Weiß) geteilt. – Flagge: Schwarz-Weiß (Schwarz-Silber).

Obwohl Kaiser Karl IV. den Grafen von Werdenberg als damaligen Ortsherren 1376 die Erlaubnis zur Stadterhebung erteilt hatte, erlangte das schon im folgenden Jahr an die Reichsstadt Ulm verkaufte Langenau erst 1848 endgültig den Rang einer Stadt. Das Stadtwappen ist seit 1886 belegt. Das springende Roß in seinem oberen Feld erinnert an die einstmals bedeutende Pferdezucht. Auf frühere Ortsherrschaften weisen die dreilatzige silberne Fahne der Grafen von Werdenberg-Sargans und das von Schwarz und Silber geteilte Ulmer Wappen hin. Nach Mitteilung des Bürgermeisteramts stehen die vom letzteren abgeleiteten Flaggenfarben seit 1886 fest.

LANGENAU

LANGENENSLINGEN, *Lkr. Biberach*. – Wappen: In geteiltem Schild oben in Rot auf grünem Dreiberg drei goldene (gelbe) Rehfüße, unten in Gold (Gelb) drei rote Hirschstangen übereinander. – Flagge: Rot-Gelb (Rot-Gold).

Die obere Schildhälfte zeigt das Wappen des Ortsadels der Herren von Enslingen, während die untere das Hirschstangen-Wappen der Grafen von Veringen aufweist. Die letzteren spielten in der Geschichte der meisten Ortsteile eine Rolle. Das Wappen wurde vom Innenministerium Württemberg-Hohenzollern am 28. Januar 1949, die Flagge vom Landratsamt Biberach am 15. Juli 1981 verliehen.

LANGENENSLINGEN

LAUPHEIM

LAUPHEIM, Stadt, *Lkr. Biberach*. – Wappen: In geteiltem, oben von Grün und Rot gespaltenem Schild vorne ein silberner (weißer) Balken, unten in Silber (Weiß), aus der mittleren Kuppe eines goldenen (gelben) Dreibergs wachsend, drei bestielte grüne Blätter (Laub). – Flagge: Grün-Weiß-Rot (Grün-Silber-Rot).

Auf Empfehlung des Freiherrn Karl von Welden, dessen Geschlecht vom späten 16. bis ins 19. Jh. hinein seinen Sitz in Laupheim hatte, verlieh der Hofpfalzgraf Sebastian Röttinger dem damaligen Marktflecken am 23. Mai 1596 das Wappen. Die obere Hälfte des Schildes enthält das Familienwappen des Freiherrn, während die Laubblätter in der unteren Schildhälfte auf den Namen der Gemeinde hinweisen, die 1869 zur Stadt erhoben worden ist. Der Dreiberg wird als Symbol der hügeligen Landschaft verstanden. Die Farben Grün-Weiß-Rot galten schon 1848 als Ortsfarben Laupheims.

LAUTERACH

LAUTERACH, *Alb-Donau-Kreis*. – Wappen: In Blau eine schwimmende silberne (weiße) Forelle mit roten Punkten und roten Flossen, überdeckt von einem aus dem Unterrand emporkommenden goldenen (gelben) Abtsstab. – Flagge: Weiß-Blau (Silber-Blau).

Das Innenministerium hat der Gemeinde Lauterach am 8. März 1957 das Wappen samt der Flagge verliehen. Der blaue Schildgrund mit der silbernen Forelle bezieht sich auf die Lage des Gemeindegebietes an der großen Lauter und der Donau. Auch der Gemeindename wird durch dieses Schildbild angesprochen. An den früheren Besitz der Klöster Zwiefalten und Obermarchtal erinnert der Abtsstab im Wappen.

LEIBERTINGEN

LEIBERTINGEN, *Lkr. Sigmaringen*. – Wappen: In Gold (Gelb) mit von Silber (Weiß) und Blau in doppeltem Wolkenschnitt geteiltem Bord ein schreitender roter Hirsch. – Flagge: Rot-Gelb (Rot-Gold).

Das Wappen der am 1. Januar 1975 gebildeten neuen Gemeinde brachte den figürlichen Inhalt der erloschenen Wappen ihrer vier Vorgängerinnen auf den kleinsten gemeinsamen Nenner. Der im doppelten Wolkenschnitt von Silber und Blau geteilte Bord ist vom Wappen der Herrschaft Fürstenberg abgeleitet, der Kreenheinstetten und Leibertingen bis 1806 angehörten. Der Hirsch erschien sowohl im früheren Wappen von Thalheim, wo er auf die Grafschaft Sigmaringen hinwies, als auch im ehemaligen Leibertinger Wappen. In seiner vom letzteren übernommenen roten Farbe erinnert er auch an das entsprechend tingierte Hirschgeweih im früheren Wappen von Altheim. Das Landratsamt Sigmaringen hat das Wappen und die Flagge am 6. August 1976 verliehen.

LEUTKIRCH IM ALLGÄU, Stadt, *Lkr. Ravensburg.* – Wappen: In Blau eine rot gedeckte silberne (weiße) Kirche (Basilika) mit rechtsstehendem großem Turm mit Giebeldach und goldenem (gelbem) Kreuz sowie mit zwei linksstehenden kleinen Türmen mit Kegeldächern; über dem Kirchendach in goldenem (gelbem) Schildchen ein doppelköpfiger schwarzer Adler (Reichswappen). – Flagge: Blau-Gelb (Blau-Gold).

LEUTKIRCH IM ALLGÄU

Das „redende" Wappen bezieht sich auf die Martinskirche, die als kirchliches Zentrum des Nibelgaues eine „Leutkirche" (Pfarrkirche) gewesen ist. Die von ihr ausgegangene Bezeichnung ist schon seit 843 als Name der ganzen Siedlung bezeugt. Die Wappenfiguren der Kirche und des auf die ehemalige Reichsstadt hinweisenden Adlers sind unter allerlei stilistischen Wandlungen im wesentlichen seit dem frühesten bekannten Siegelabdruck von 1382 vorherrschend geblieben. Nach der Mediatisierung der Stadt mußte der Adler im 19. Jh. allerdings zeitweilig den württembergischen Hirschstangen weichen, die im gespaltenen Schild links von der Kirche dargestellt wurden. Die Flaggenfarben sind vermutlich vom Stadtwappen abgeleitet. Sie mögen aber auch von der 1832 geweihten Fahne der Bürgergarde beeinflußt worden sein, auf der diese Farben vorherrschten.

LICHTENSTEIN, *Lkr. Reutlingen.* – Wappen: In Blau ein silberner (weißer) Adlerflügel. – Flagge: Weiß-Blau (Silber-Blau).

Die Gemeinde Unterhausen hat anläßlich der Eingliederung von Holzelfingen und Honau am 1. Januar 1975 ihren Namen und ihr Wappen abgelegt und vereinbarungsgemäß den Namen des bekannten Schlosses Lichtenstein angenommen. Der Namenswahl entsprechend griff sie auf das Wappen des ausgestorbenen Adelsgeschlechtes der Herren von Lichtenstein zurück. Es wurde ihr zusammen mit der Flagge am 13. August 1975 vom Innenministerium verliehen.

LICHTENSTEIN

LONSEE, *Alb-Donau-Kreis.* – Wappen: In Rot eine pfahlweis gestellte silberne (weiße) Forelle. – Flagge: Weiß-Rot (Silber-Rot).

Am 1. April 1972 vereinigten sich die früheren Gemeinden Ettlenschieß, Halzhausen, Lonsee und Luizhausen. Diese Gesamtgemeinde, die den Namen Lonsee trug, vereinigte sich unter Eingliederung von Radelstetten unterm 1. Januar 1975 mit Urspring zur jetzigen Gemeinde Lonsee. Diese nahm das schon von ihrer ersten gleichnamigen Vorgängerin geführte Wappen wieder auf. Die silberne Forelle, die auch im früheren Urspringer Wappen erschien, bezieht sich auf die Lone, die das Gemeindegebiet zentral durchfließt. Wappen und Flagge wurden vom Landratsamt am 18. Juni 1982 verliehen.

LONSEE

MARKDORF

MARKDORF, Stadt, *Bodenseekreis*. – Wappen: In Gold (Gelb) ein achtspeichiges rotes Rad ohne Felgen (Mühlrad). – Flagge: Rot-Gelb (Rot-Gold).

Die Stadt wurde im 13. Jh. von den Herren von Markdorf gegründet. Das Wappen dieses um die Mitte des 14. Jh. ausgestorbenen Adelsgeschlechts ziert die in Abdrücken seit dem Jahr 1414 belegten Siegel der Stadt, die um diese Zeit dem Bischof von Konstanz gehörte. Somit ist das ursprüngliche Herrschaftswappen, das ein von der sonst üblichen heraldischen Form abweichendes Mühlrad zeigt, zum Stadtwappen geworden. Während das älteste Siegel noch ein zwölfspeichiges Rad zeigt, das auch als stilisierte Sonne angesehen werden kann, sind in einem Siegel des 16. Jh. sieben gebogene Schaufeln eines Mühlrads zu erkennen. Nach 1895 hat sich die Radform vom ältesten Siegel der Herren von Markdorf (1236) durchgesetzt.

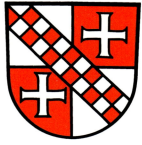

MASELHEIM

MASELHEIM, *Lkr. Biberach*. – Wappen: In von Silber (Weiß) und Rot geviertem Schild in den Feldern 2 und 3 je ein schwebendes silbernes (weißes) Kreuz mit Tatzenenden, das Ganze mit einem doppelreihig von Silber (Weiß) und Rot geschachten Schrägbalken (Zisterzienserbalken) überdeckt. – Flagge: Weiß-Rot (Silber-Rot).

Auf Grund eines Vorschlages der Archivdirektion Stuttgart vom 6. Februar 1931 nahm die Gemeinde das an einem Torbogen im Ortsteil Heggbach abgebildete Wappen des dortigen ehemaligen Zisterzienserinnenklosters in teilweise veränderten Farben an. Dieses Wappen wurden 1957 nach den Farbregeln verbessert, in dem die Grundfarbe Blau des ersten und vierten Feldes durch Silber ersetzt wurde. Das Landratsamt hat die Flagge am 10. Februar 1981 verliehen.

MECKENBEUREN

MECKENBEUREN, *Bodenseekreis*. – Wappen: In gespaltenem Schild vorne in Silber (Weiß) eine dreilatzige rote Fahne mit drei roten Trageringen, hinten in Rot ein aufgerichteter silberner (weißer) Windhund mit schwarzem Halsband und silbernem (weißem) Ring daran.

Die dreilatzige rote Fahne ist die Wappenfigur der Grafen von Montfort, die großen Besitz im Gemeindegebiet hatten und im Kernort Meckenbeuren von 1530 bis 1780 auch die Grundherrschaft innehatten. Der silberne (weiße) Windhund ist vom Wappen der Ravensburger Patrizier von Humpiß abgeleitet, denen von 1447 bis ins 18. Jh. hinein vor allem die im Gemeindegebiet gelegenen Bestandteile der Herrschaft Brochenzell gehörten. Der Reichsstatthalter in Württemberg hat das Wappen am 26. September 1938 verliehen.

MEERSBURG, Stadt, *Bodenseekreis.* – Wappen: In Gold (Gelb) über blauem Wellenschildfuß eine gemauerte rote Burg mit Zinnenturm über dem geöffneten Tor und beiderseitigem Pultdach. – Flagge: Blau-Gelb (Blau-Gold).

Das „redende" Wappen zeigt die Burg der Bischöfe von Konstanz über den Wellen des Bodensees, der auch als das „Schwäbische Meer" bezeichnet wird. In Stadtsiegeln ist die Burg seit 1346 belegt. Sie steht vielfach auf einer Art Wulst, der wohl den See andeuten soll. Im Siegel von 1898 erhebt sich die Burg über einem schmalen Wellenband. Einzelheiten des Schildbildes, insbesondere die Gestaltung der Burg, haben im Laufe der Zeit immer wieder Änderungen erfahren. Seit dem 16. Jh. treten in Wappendarstellungen zeitweilig auch Schildhalter in Gestalt eines Wilden Mannes (Wassergott?) und einer Wilden Frau (Nymphe?) auf.

MEERSBURG

MEHRSTETTEN, *Lkr. Reutlingen.* – Wappen: In Silber (Weiß) auf grünem Boden zwei einander zugewendete aufgerichtete schwarze Rosse. – Flagge: Grün-Weiß (Grün-Silber).

Das Gemeindewappen wurde am 18. März 1939 von damaligen Reichsstatthalter in Württemberg verliehen. Nach dem Zweiten Weltkrieg hat der Gemeinderat dieses Wappen am 20. April 1956 bestätigt und zugleich die Flaggenfarben festgelegt. Die Verleihung der Flagge durch das Landratsamt Reutlingen kam jedoch erst am 7. Juni 1982 zustande. Die beiden Rosse im Wappen sollen auf den Gemeindenamen hinweisen, der sich vielleicht von „Mähre" = Ross herleiten läßt.

MEHRSTETTEN

MENGEN, Stadt, *Lkr. Sigmaringen.* – Wappen: In gespaltenem Schild vorne in Rot auf grünem Dreiberg ein linksgewendeter goldener (gelber) Löwe, hinten in Silber (Weiß) vor einem zunehmenden roten Mond mit Gesicht ein sechsstrahliger roter Stern. – Flagge: Weiß-Rot (Silber-Rot).

Im Jahre 1281 verwendete die Stadt ein schildförmiges Siegel, in dem ein Löwe und ein abnehmender Mond zu sehen ist. Bei dem Löwen dürfte es sich um die Wappenfigur der habsburgischen Stadtherrschaft handeln, während der nicht sicher gedeutete Mond und der im 16 Jh. dazugekommene Stern wohl das eigentliche städtische Bildkennzeichen bilden. In einem Glasgemälde von 1524 im Rathaus von Pfullendorf erscheinen die letzteren in den heute noch gültigen Farben allein im Schild der Stadt Mengen. Ein Stern ist übrigens auch in den Wappen der im habsburgischen Bereich gelegenen Städte Munderkingen, Scheer und Sigmaringen zu sehen. Die jetzige Form des Wappens entwickelte sich nach und nach seit dem 18. Jh.

MENGEN

MERKLINGEN

MERKLINGEN, *Alb-Donau-Kreis.* – Wappen: In Grün auf einem dreimal von Grün und Silber (Weiß) geteilten und viermal ebenso gespaltenen Berg ein silbern (weiß) gedecktes, mit einem Eingang und zwei Fenstern versehenes achteckiges silbernes (weißes) Häuschen. – Flagge: Weiß-Grün (Silber-Grün).

Das Wappen ist der Gemeinde Merklingen am 17. November 1952 von der vorläufigen Landesregierung verliehen worden. Es zeigt ein Wahrzeichen des alten Leineweberdorfs, das Bleichhäusle. Ferner sollen die silbernen (weißen) Felder in dem mehrfach von Grün und Silber geteilten und gespaltenen Berg an die Leinwandbleiche erinnern. Das Landratsamt Alb-Donau-Kreis hat die Flagge am 6. Oktober 1981 verliehen.

MESSKIRCH

MESSKIRCH, Stadt, *Lkr. Sigmaringen.* – Wappen: In Blau ein dreischwänziger, rot bezungter goldener (gelber) Löwe, der in den Pranken einen halbkreisförmig vorgebogenen roten Schaft hält, an dem zwischen den Pranken das silberne (weiße) Blatt einer Hellebarde befestigt ist. – Flagge: Gelb-Blau-Gelb (Gold-Blau-Gold).

Die ursprünglich den Truchsessen von Waldburg-Rohrdorf gehörige Stadt führte am Ende des 13. Jh. ein Siegel mit dem Wappen dieses Geschlechts. Nachdem sie 1351 an die Freiherrn und späteren Grafen von Zimmern gekommen war, wurde deren Wappen – ein Löwe mit Streitaxt – in den Stadtsiegeln abgebildet. Als diese Familie 1594 ausstarb, galt ihr Wappen offenbar schon so sehr als Kennzeichen der Stadt Meßkirch, daß es als solches alle folgenden Herrschaftswechsel überdauerte.

MESSSTETTEN

MESSSTETTEN, Stadt, *Zollernalbkreis.* – Wappen: In Rot ein silberner (weißer) Becher. – Flagge: Weiß-Rot (Silber-Rot).

Die erst am 1. Juli 1978 zur Stadt erhobene Gemeinde führte 1930 ein Dienstsiegel, in dem bereits das Wappen des Hans von Meßstetten erscheint, das in einem Siegelabdruck von 1376 und somit ohne Farben überliefert ist. Die Wappenfigur – ein Meßbecher – soll das Wappen „redend" machen. Nach der Festlegung der hohenbergischen Wappenfarben Silber und Rot, die an die einstige Zugehörigkeit fast des gesamten Gemeindegebiets zur Grafschaft Hohenberg erinnern sollen, verlieh das Innenministerium Württemberg-Hohenzollern am 27. März 1950 das Wappen. Die Flagge wurde am 25. Januar 1958 vom Innenministerium Baden-Württemberg verliehen.

METZINGEN, Stadt, *Lkr. Reutlingen*. – Wappen: Unter goldenem (gelbem) Schildhaupt, darin eine schwarze Hirschstange, in Silber (Weiß) ein grüner Kohlkopf. – Flagge: Blau-Weiß (Blau-Silber).

Auf Bitten der Heimbürgen und des Gerichts des damaligen Marktfleckens Metzingen, der schon zuvor ein Signet mit der Abbildung eines Kohlkopfs verwendet hatte, erlaubte Herzog Johann Friedrich von Württemberg am 16. November 1616 die Führung der württembergischen Hirschstange über diesem Fleckenzeichen. Das Wappen blieb unverändert auch als Metzingen 1831 das Prädikat „Stadtgemeinde" erlangte. Nach Mitteilung der Stadt ist die blau-weiße Flagge schon gegen Ende des 19. Jh. belegt.

METZINGEN

MIETINGEN, *Lkr. Biberach*. – Wappen: In Gold (Gelb) unter einem liegenden blauen Schwert ein roter Rost (Griff mit Ring oben). – Flagge: Blau-Gelb (Blau-Gold).

Der Rost ist das Attribut des Patrons der alten Pfarrkirche von Mietingen, des heiligen Laurentius, der auf einem glühenden Rost gemartert worden ist. Über dem Rost erscheint ein Schwert, das als Hinweis auf eine einstige Schwertschmiede verstanden wird. Das Wappen wurde mit der Flagge am 5. Mai 1964 vom Innenministerium verliehen.

MIETINGEN

MITTELBIBERACH, *Lkr. Biberach*. – Wappen: Unter goldenem (gelbem) Schildhaupt, darin eine schwarze Hirschstange, in Grün ein silberner (weißer) Balken, belegt mit einem golden (gelb) gekrönten schwarzen Biber. – Flagge: Weiß-Grün (Silber-Grün).

Im Jahre 1931 nahm die Gemeinde das Wappen an, dessen goldenes Schildhaupt mit der schwarzen württembergischen Hirschstange auf die damalige staatliche Zugehörigkeit zu Württemberg (seit 1805) hinweisen soll. Der silberne Balken mit dem Biber inmitten des grünen Feldes bezieht sich auf den Namen der landwirtschaftlich strukturierten Gemeinde. Das Innenministerium hat die Flagge am 14. Dezember 1961 verliehen.

MITTELBIBERACH

MÖSSINGEN

MÖSSINGEN, Stadt, *Lkr. Tübingen*. – Wappen: In Schwarz ein silberner (weißer) Wellenschräglinksbalken, begleitet oben von drei (2 : 1) silbernen (weißen) Schildchen, unten von einem silbernen (weißen) Schalenbrunnen mit aufsteigendem und zu beiden Seiten niederfallendem silbernem (weißem) Wasserstrahl. – Flagge: Weiß-Schwarz (Silber-Schwarz).

Der Wellenschräglinksbalken soll an die Steinlach erinnern, die im Gemeindegebiet entspringt und dieses zentral durchfließt. Die drei Schildchen gelten als ein Symbol für den Mössinger „Dreifürstenstein", auf dem früher die Grenzen der drei Fürstentümer Württemberg, Hohenzollern-Hechingen und Fürstenberg aufeinander gestoßen sind. Der Schalenbrunnen bezieht sich auf den Heilquellen-Kurbetrieb in Bad Sebastiansweiler. Silber und Schwarz sind die Wappenfarben des Hauses Zollern, das zeitweilig die Oberherrschaft über verschiedene Gemeindeteile innehatte. Das Wappen wurde von der Abwicklungsstelle des Innenministeriums Württemberg-Hohenzollern am 23. August 1952, die Flagge von der vorläufigen Regierung am 11. November 1952 verliehen.

MOOSBURG

MOOSBURG, *Lkr. Biberach*. – Wappen: In Blau eine goldene (gelbe) Burg mit zwei Zinnentürmen. – Flagge: Gelb-Blau (Gold-Blau).

Im Jahre 1964 zeigte das Dienstsiegel der Gemeinde ein nicht heraldisch aufgefaßtes Fantasiebild einer Burg, die auf den Ortsnamen hinweisen sollte. Bei der anschließenden Gestaltung ihres Wappens knüpfte die Gemeinde an dieses Motiv an. Der Namen Moosburg bedeutet: Burg im Moor. Das Innenministerium hat das „redende" Wappen am 16. Februar 1966 und das Landratsamt Biberach die Flagge am 18. Juli 1984 verliehen.

MÜNSINGEN

MÜNSINGEN, Stadt, *Lkr. Reutlingen*. – Wappen: In Silber (Weiß) eine liegende vierendige schwarze Hirschstange. – Flagge: Rot-Weiß (Rot-Silber).

Die seit 1339 belegten Stadtsiegel zeigen wie das heutige Wappen die geminderte Form des landesherrlichen Stammwappens. Im späten 16. und im 19. Jh. erscheinen Belege mit den drei württembergischen Hirschstangen im rot bordierten silbernen Schild, im 17. und 18. Jh. zeitweilig das unveränderte württembergische Stammwappen mit drei Hirschstangen im goldenen Schild. Davon sind die seit 1470 belegten Farben der Stadtflagge abgeleitet. Im Jahre 1604 wurde auch ein von Silber und Rot geteilter Schild mit einer schwarzen Hirschstange im silbernen Feld erwähnt. Die am 1. Juli 1971 aus einer Gemeinde-Vereinigung hervorgegangene neue Stadt Münsingen griff auf das ihrer gleichnamigen Vorgängerin 1948 verliehene Wappen und die rot-weiße Flagge zurück. Die Neuverleihung beider erfolgte am 18. Dezember 1972 durch das Innenministerium.

MUNDERKINGEN, Stadt, *Alb-Donau-Kreis*. – Wappen: In Silber (Weiß) ein golden (gelb) gekrönter roter Löwe, rechts oben begleitet von einem sechsstrahligen roten Stern. – Flagge: Rot-Weiß (Rot-Silber).

Die ältesten, seit dem Jahre 1289 belegten Siegel der Stadt zeigen einen linkshin aufgerichteten Löwen und oben rechts einen Stern. Bei dem Löwen, dessen Krone sich im ältesten Siegel noch nicht sicher erkennen läßt, dürfte es sich um die habsburgische Wappenfigur handeln, da Munderkingen vor 1297 in österreichischen Besitz gelangt ist. Der Stern erscheint auch in Siegeln anderer habsburgischer Städte als Beizeichen, so zum Beispiel in den Wappen von Aach, Lkr. Konstanz, Mengen, Scheer und Sigmaringen, Lkr. Sigmaringen. Nach Richtungswechseln des Löwen, Seiten- und Farbenwechseln des Sterns und zeitweiliger Zutat eines Dreibergs setzte sich die jetzige, vom Innenministerium am 21. Oktober 1957 bestätigte Gestalt und Tingierung des Wappens durch.

MUNDERKINGEN

NEENSTETTEN, *Alb-Donau-Kreis*. – Wappen: In einem von Schwarz und Silber (Weiß) gespaltenen Schild hinten zwei schräg gekreuzte schwarze Doppelhaken mit nach außen weisenden Spitzen („Wolfsangeln"). – Flagge: Schwarz-Weiß (Schwarz-Silber).

Nach Auskunft des Bürgermeisteramts wurden im Jahr 1949 sieben verschiedene Sackzeichen in der Gemeinde ermittelt, die allerlei Abwandlungen des örtlich als „Wolfsangel" bezeichneten heraldischen Doppelhakens enthielten. Von diesen Zeichen wurde die Figur in der hinteren Schildhälfte des Gemeindewappens abgeleitet. Schwarz und Silber sind die Wappenfarben der ehemaligen Reichsstadt Ulm, die Neenstetten seit 1385 erworben und bis 1608 zum Sitz eines eigenen Amtes bestimmt hat. Das Wappen wurde am 3. Oktober 1955 von der Landesregierung, die Flagge am 15. Januar 1982 vom Landratsamt Alb-Donau-Kreis verliehen.

NEENSTETTEN

NEHREN, *Lkr. Tübingen*. – Wappen: In Rot ein silberner (weißer) Sparren. – Flagge: Weiß-Rot (Silber-Rot).

Als Marksteinzeichen ist für 1683 die Initiale N des Ortsnamens belegt. Als sich die Gemeinde im Jahre 1909 um ein Wappen bemühte, akzeptierte die Archivdirektion Stuttgart das Sparrenwappen der Herren von First, von denen sich ein Zweig nach Nehren genannt hat. Trotz des Namenswechsels führte auch der 1419 verstorbene letzte Angehörige dieses Zweigs, Renhard der Nehrer, das Sparrenwappen. Das Landratsamt Tübingen hat die Flagge am 1. Oktober 1982 verliehen.

NEHREN

NELLINGEN

NELLINGEN, *Alb-Donau-Kreis.* – Wappen: In Gold (Gelb) ein aufrecht sitzender, rot bezungter schwarzer Bär. – Flagge: Schwarz-Gelb (Schwarz-Gold).

Der sitzende schwarze Bär im goldenen Schild bildete ursprünglich das Wappen des vom 12. bis zum 15. Jh. nachweisbaren Ortsadelsgeschlechts der Herren von Nellingen, eines Zweigs der Herren von Bernstadt und von Reußenstein. Auf einen Vorschlag der Archivdirektion Stuttgart vom Jahr 1918 hat die Gemeinde dieses Wappen übernommen. In Jahre 1980 führte sie eine einheitliche Wappenstilisierung für den dienstlichen Gebrauch ein. Das Landratsamt Alb-Donau-Kreis hat die Flagge am 26. Oktober 1981 verliehen.

NERENSTETTEN

NERENSTETTEN, *Alb-Donau-Kreis.* – Wappen: Von Gold (Gelb) und Rot im Zinnenschnitt erhöht geteilt, unten eine goldene (gelbe) Lilie. – Flagge: Gelb-Rot (Gold-Rot).

Die Gemeinde wurde 1343 als „oppidum" bezeichnet. Dies deutet auf damalige Bestrebungen hin, sie zur ummauerten Stadt auszubauen. Im Wappen soll die einer Stadtmauer ähnliche erhöhte Teilung im Zinnenschnitt an diese unvollendet gebliebene Entwicklung erinnern. Die Lilie wird als Hinweis auf die Herrschaft Albeck verstanden, zu der Nerenstetten gehörte. Die Reichsstadt Ulm erwarb diese Herrschaft 1383 von den Grafen von Werdenberg, deren roter Schildgrund den unteren Teil des Gemeindewappens bestimmt. Golden war der Schildgrund des vorreformatorischen Wappens des Klosters Herbrechtingen, dessen Besitz in Nerenstetten 1607 an Ulm kam. Das Wappen wurde am 21. Februar 1955 von der Landesregierung, die Flagge am 25. Juli 1984 vom Landratsamt Alb-Donau-Kreis verliehen.

NEUFRA

NEUFRA, *Lkr. Sigmaringen.* – Wappen: In gespaltenem Schild vorne in Blau ein silberner (weißer) Adlerflügel, hinten in Silber (Weiß) ein rot bewehrter und rot bezungter blauer Löwe.

Der Adlerflügel aus dem Wappen der Herren von Lichtenstein soll auf die Träger dieses Namens, die eine Hälfte von Neufra samt den Burgen Vorder- und Hinterlichtenstein besessen haben, hinweisen. Im hinteren Schildfeld erinnert der Gammertinger Löwe an die seit dem 13. Jh. bestehende Zugehörigkeit der anderen Ortshälfte zur Herrschaft Gammertingen. Das Innenministerium Württemberg-Hohenzollern hat das Wappen am 4. März 1952 verliehen.

NEUKIRCH, *Bodenseekreis*. – Wappen: In Silber (Weiß) an drei roten Trageringen eine dreilatzige rote Fahne, darunter schräg gekreuzt ein gestürztes rotes Schwert und ein roter Abtsstab. – Flagge: Rot-Weiß (Rot-Silber).

Die dreilatzige rote Fahne im silbernen Schild ist das Wappen der Grafen von Montfort, zu deren Herrschaft Tettnang der Ort bis zum Jahr 1780 gehörte. Im Gemeindegebiet hatten auch zahlreiche niederadlige Familien, so z. B. von Ah, von Bernried, von Ebersberg, von Flunau, von Pflegelberg, Stein von Reichenstein, Vögte von Altsummerau und Klöster wie Allerheiligen, Langnau, Weingarten Besitz. An diesen erinnern das Schwert und der Abtsstab im Gemeindewappen, das mit der Flagge am 14. Februar 1958 vom Innenministerium verliehen worden ist.

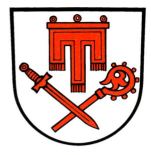

NEUKIRCH

NEUSTETTEN, *Lkr. Tübingen*. – Wappen: Unter goldenem (gelbem) Schildhaupt, darin ein schwarzer Schwurstab, in Rot ein silberner (weißer) Sparren, begleitet von drei sechsstrahligen goldenen (gelben) Sternen. – Flagge: Gelb-Rot (Gold-Rot).

Am 1. Dezember 1971 wurde durch Vereinigung von Nellingsheim, Remmingsheim und Wolfenhausen die Gemeinde Neustetten gebildet. Der Schwurstab im Schildhaupt ihres Wappens erinnert an das „Remmingsheimer Stäble", einen Gerichtsbezirk, der von 1620 bis 1808 alle drei Teilorte umfaßte. Da das „Stäble" württembergisch war, weist das Schildhaupt die Farben des württembergischen Stammwappens auf. Der Schwurstab war auch schon in den früheren Wappen von Wolfenhausen und Remmingsheim enthalten. Vom letzteren sind auch die Sterne abgeleitet, wobei die Farben mit Rücksicht auf das goldene Schildhaupt ausgetauscht werden mußten. Der Sparren stammt aus dem früheren Nellingsheimer Wappen. Das Innenministerium hat das neue Wappen samt der Flagge am 6. Oktober 1955 verliehen.

NEUSTETTEN

NUSPLINGEN, *Zollernalbkreis*. – Wappen: In Rot ein goldener (gelber) Adlerfang. – Flagge: Gelb-Rot (Gold-Rot).

Die vom 14. bis ins 18. Jh. hinein als Stadt bezeichnete Gemeinde führte ein Siegel, das in einem Abdruck von 1515 belegt ist, dessen beschädigtes Wappen aber leider nicht mehr identifiziert werden kann. Im Jahr 1930 enthielten die Gemeindesiegel einen von Schwarz, Blau und Gold wellenförmig geteilten Schild, in dem sich das blaue Feld wohl auf die Bära bezieht, die die Markung durchfließt. Das jetzige Wappen ist das des ausgestorbenen Ortsadels. Es wurde der Gemeinde vom Innenministerium Württemberg-Hohenzollern am 16. Mai 1950 verliehen. Die Flagge hat das Innenministerium Baden-Württemberg am 30. August 1967 festgelegt.

NUSPLINGEN

OBERDISCHINGEN

OBERDISCHINGEN, *Alb-Donau-Kreis.* – Wappen: In Silber (Weiß) ein achtendiges rotes Hirschgeweih mit rotem Grind.

Mit Erlaubnis des gräflichen Hauses Schenk von Castell, das Oberdischingen 1661 erworben und in der Folge zum Mittelpunkt seiner ausgedehnten Besitzungen gemacht hat, übernahm die Gemeinde das im ersten und vierten silbernen Feld im Herzschild des gräflichen Wappens erscheinende rote Hirschgeweih in ihr Wappen. Dieses erinnert besonders an den Grafen Franz Ludwig, genannt Malefizschenk (1736–1821), der als Bauherr in Oberdischingen besonders hervorgetreten ist. Das Innenministerium Württemberg-Hohenzollern hat das Wappen am 12. Oktober 1948 verliehen.

OBERMARCHTAL

OBERMARCHTAL, *Alb-Donau-Kreis.* – Wappen: In Rot über grünem Dreiberg schräg gekreuzt ein goldener (gelber) Schlüssel (Bart oben, nach außen gerichtet) und ein goldenes (gelbes) Schwert, darüber ein sechsstrahliger goldener (gelber) Stern.

Die ehemalige Reichsabtei Marchtal führte Schlüssel und Schwert als die Attribute ihrer Patrone Petrus und Paulus im Wappen, wobei Reihenfolge und Farben dieser Figuren gelegentlich wechselten. Zur Unterscheidung von anderen figurengleichen Wappen wurde in manchen Darstellungen ein sechsstrahliger Stern und schließlich auch noch ein Dreiberg hinzugefügt. Das so entstandene kleinere Klosterwappen wurde von der Gemeinde 1930 mit der Begründung übernommen, daß das Peter- und Paulus-Patrozinium auch nach dem Ende des Klosters hochgehalten worden sei.

OBERNHEIM

OBERNHEIM, *Zollernalbkreis.* – Wappen: In Silber (Weiß) ein blauer Balken. – Flagge: Blau-Weiß (Blau-Silber).

Ein Schultheißenamtssiegel aus der Zeit um 1820 zeigt als nicht heraldisch aufgefaßtes Siegelbild ein zwischen zwei Sträuchern stehendes Bäumchen. Im Jahre 1927 war ein Farbdruckstempel im Gebrauch, dessen oval umrandetes Mittelfeld ein auf einem Hügel stehendes Bäumchen zwischen einer strahlenden Sonne und einem ebensolchen Halbmond aufweist. Dieses Bild ist mit dem „Hexenbäumchen" auf einer ortsnahen Anhöhe in Verbindung gebracht worden. Am 27. Oktober 1950 verlieh das Innenministerium Württemberg-Hohenzollern das vom Siegel des Johann von Obernheim aus dem Jahre 1367 abgeleitete Wappen. Das Landratsamt hat die Flagge am 15. Januar 1982 verliehen.

OBERSTADION, *Alb-Donau-Kreis*. – Wappen: In Schwarz drei gestürzte goldene (gelbe) Wolfsangeln. – Flagge: Gelb-Schwarz (Gold-Schwarz).

Oberstadion war der namengebende Stammsitz der ausgestorbenen Grafen von Stadion. Seit 1936 ist deren Stammwappen in den Gemeindesiegeln zu sehen. Da das Adelswappen um 1340 mit schwarzen Wolfsangeln im goldenen Schild, später aber durchweg mit vertauschten Farben überliefert ist, traten diese beiden Spielarten zunächst auch beim Gemeindewappen auf. Im Jahre 1952 erlangte die Gemeinde die Erlaubnis der letzten damals noch lebenden Nachfahrin des gräflichen Hauses zur Übernahme des Wappens. Es wurde vom Innenministerium am 21. Januar 1954 in der oben beschriebenen Form verliehen. Die Verleihung der Flagge durch das Landratsamt kam indessen erst am 27. Januar 1982 zustande.

OBERSTADION

OBERTEURINGEN, *Bodenseekreis*. – Wappen: In Blau auf einem schreitenden silbernen (weißen) Roß der silbern (weiß) gerüstete heilige Martin, mit silbernem (weißem) Schwert seinen goldenen (gelben) Mantel teilend. – Flagge: Weiß-Blau (Silber-Blau).

Im Jahre 1930 zeigte das Schultheißenamtssiegel als nicht heraldisch aufgefaßtes Stempelbild die Mantelteilung des Oberteuringer Kirchenpatrons St. Martin. Vor dem Zweiten Weltkrieg war diese Szene – von einer schildförmigen Rahmung umgeben – im Gemeindesiegel und Briefkopf zu sehen. 1948 wurden erstmals Wappenfarben angegeben. Vor der Verleihung des Wappens und der Flagge, die das Innenministerium am 12. April 1965 vorgenommen hat, gelang es noch, das durch die zusätzliche Darstellung eines Bettlers überladene Wappen zu vereinfachen und die Farbgebung zu verbessern.

OBERTEURINGEN

OCHSENHAUSEN, Stadt, *Lkr. Biberach*. – Wappen: In Blau auf grünem Boden eine rot bedachte silberne (weiße) Kirche, aus deren nach links geöffnetem, von zwei rot bedachten silbernen (weißen) Türmen flankiertem Portal unter dem mit einem silbernen (weißen) Kreuz besteckten Giebel ein roter Ochse hervortritt. – Flagge: Blau-Weiß (Blau-Silber).

Seit der Zeit um 1820 verwendet die 1950 zur Stadt erhobene Gemeinde das zeitweilig um einen Lorbeerzweig vermehrte „redende" Siegelbild der 1803 säkularisierten Benediktinerreichsabtei Ochsenhausen in ihren Siegeln. In farbigen Darstellungen des Wappens erschienen zunächst unterschiedliche Tingierungen, doch setzte sich im Jahre 1950 endgültig die jetzt gebräuchliche durch.

OCHSENHAUSEN

ÖLLINGEN

ÖLLINGEN, *Alb-Donau-Kreis*. – Wappen: In Rot ein aufgerichteter silberner (weißer) Löwe, in den Vorderpranken ein silbernes (weißes) Hochkreuz haltend. – Flagge: Weiß-Rot (Silber-Rot).

Der silberne Löwe in Rot ist vom Wappen der Grafen von Dillingen abgeleitet. Diese haben im Jahre 1143 den hiesigen Fronhof und ein Viertel der Ortskirche dem Kloster Anhausen an der Brenz übergeben. Deshalb trägt der Löwe ein Kreuz in den Pranken, das zugleich als Hinweis auf historische Beziehungen zum Chorherrenstift Wiesensteig angesehen wird. Diesem hatte Kaiser Ludwig der Bayer im Jahre 1330 das Patronat der Öllinger Kirche übergeben. Das Wappen wurde von der Landesregierung am 21. Februar 1955, die Flagge vom Landratsamt am 1. Oktober 1984 verliehen.

ÖPFINGEN

ÖPFINGEN, *Alb-Donau-Kreis*. – Wappen: In Gold (Gelb) ein schwarzer Schrägbalken. – Flagge: Blau-Gelb (Blau-Gold).

Das Ortsadelsgeschlecht der Herren von Öpfingen führte im goldenen Schild einen von Silber und Schwarz geteilten Schrägbalken. In Anlehnung an dieses Adelswappen gestaltete die Gemeinde ihr heraldisch verbessertes Wappen, das ihr am 13. Februar 1951 vom Innenministerium Württemberg-Hohenzollern verliehen worden ist. Bei einer Ableitung der Flaggenfarben aus diesem Wappen hätten sich die Landesfarben ergeben. Deshalb entschied sich die Gemeinde für die abweichenden Flaggenfarben Blau-Gelb, die ihr am 27. Dezember 1957 vom Innenministerium Baden-Württemberg verliehen worden sind.

OFTERDINGEN

OFTERDINGEN, *Lkr. Tübingen*. – Wappen: In Blau eine goldene (gelbe) Garbe mit pfahlweis durchgestecktem, nach rechts gewendetem goldenem (gelbem) Dreschflegel. – Flagge: Gelb-Blau (Gold-Blau).

Das auf die Landwirtschaft hinweisende Bild der Garbe mit einem durchgesteckten Dreschflegel war schon in einem 1555 abgedrückten Ofterdinger Siegel zu sehen. Nachdem dieses Siegelbild längst in Vergessenheit geraten war, gestaltete die Gemeinde ihr Wappen auf Rat der Archivdirektion Stuttgart im Jahre 1931 auf dieser Grundlage in den bis heute gültig gebliebenen Farben. Das Landratsamt Tübingen hat die Flagge am 6. Oktober 1982 verliehen.

OGGELSHAUSEN, *Lkr. Biberach.* – Wappen: In Silber (Weiß) auf einem schwarzen Ast ein balzender schwarzer Birkhahn. – Flagge: Schwarz-Weiß (Schwarz-Silber).

Das Oggelshauser Wäldchen war bis in die siebziger Jahre hinein eines der letzten Refugien des Birkwilds in Südwestdeutschland. Vor dem Zweiten Weltkrieg konnte man dort im Frühjahr noch balzende Birkhähne beobachten. Auf diese inzwischen abgegangene zoologische Besonderheit bezieht sich das Wappen, das die Gemeinde im Jahre 1930 festgelegt hat. Das Landratsamt Biberach hat die Flage am 5. Mai 1983 verliehen.

OGGELSHAUSEN

OSTRACH, *Lkr. Sigmaringen.* – Wappen: In geteiltem Schild oben in Silber (Weiß) eine schräg gelegte rote Speerspitze, unten in Schwarz ein doppelreihig von Rot und Silber (Weiß) geschachter Schrägbalken (Zisterzienserbalken). – Flagge: Rot-Weiß (Rot-Silber).

Nachdem in den Jahren 1971 bis 1974 acht Orte in die frühere Gemeinde Ostrach eingegliedert worden waren, erfolgte am 1. Januar 1975 der Zusammenschluß mit Burgweiler, Jettkofen und Kalkreute zur neuen Gemeinde Ostrach, die das 1947 verliehene Wappen ihrer gleichnamigen kommunalen Vorgängerin wieder aufnahm. Es zeigt die Speerspitze aus dem 1309 belegten Siegel des Ortsadligen Heinrich Swende von Ostrach und den „Zisterzienserbalken" aus dem Wappen des Klosters Salem, zu dem fast alle Gemeindeteile historische Beziehungen hatten. Das Landratsamt Sigmaringen hat das Wappen und die Flagge am 18. April 1978 verliehen.

OSTRACH

OWINGEN, *Bodenseekreis.* – Wappen: In Gold (Gelb) ein achtspeichiges, achtschaufliges rotes Mühlrad. – Flagge: Rot-Gelb (Rot-Gold).

Im 19. Jh. zeigte ein Farbdruckstempel die Abbildung der hinter einer Getreidegarbe schräg gekreuzten landwirtschaftlichen Geräte Sense und Rechen. Aufgrund eines Vorschlages des Generallandesarchivs vom Jahre 1902 nahm die Gemeinde das jetzige Wappen an. Es soll auf die Mühle von Owingen hinweisen, die 1207 von Elisabeth von Owingen und ihren Söhnen an das Kloster Salem verkauft wurde. Die badischen Wappenfarben Rot und Gold mögen daran erinnern, daß die Markgrafen von Baden hier schon vor 1200 Besitz hatten. Das Landratsamt Bodenseekreis hat das Wappen und die Flagge am 19. Mai 1981 verliehen.

OWINGEN

PFRONSTETTEN

PFRONSTETTEN, *Lkr. Reutlingen.* – Wappen: In Rot drei schräg aus dem Unterrand wachsende silberne (weiße) Ähren, die einen schräglinks aus dem Unterrand emporkommenden goldenen (gelben) Abtsstab mit nach vorne geöffneter Krümme überdecken. – Flagge: Weiß-Rot (Silber-Rot).

Die am 1. Januar 1975 durch Vereinigung von Aichelau, Aichstetten, Geisingen, Huldstetten, Pfronstetten und Tigerfeld gebildete neue Gemeinde Pfronstetten führt ein Wappen, dessen Figuren auf historische Gemeinsamkeiten aller ihrer Ortsteile hinweisen. An deren ehemalige Zugehörigkeit zum Kloster Zwiefalten erinnert der Abtsstab, während sich die Ähren auf die bäuerlichen Traditionen der sechs Orte beziehen. Das Landratsamt Reutlingen hat das Wappen und die Flagge am 17. Februar 1976 verliehen.

PFULLENDORF

PFULLENDORF, Stadt, *Lkr. Sigmaringen.* – Wappen: In Gold (Gelb) ein rot bewehrter und rot bezungter schwarzer Adler. – Flagge: Rot-Weiß (Rot-Silber).

Wie viele andere Reichsstädte führte auch Pfullendorf den Reichsadler ohne Beizeichen im frühesten bekannten Stadtsiegel, von dem ein Abdruck aus dem Jahre 1271 überliefert ist. Im Gegensatz zur Mehrzahl der Reichsstädte hat Pfullendorf offenbar auch in späterer Zeit kein unterscheidendes Beizeichen entwickelt, so daß das Reichswappen ebenso als Stadtwappen geführt wird, wie die alten Reichsfarben Rot-Weiß als die Flaggenfarben der Stadt gelten. In Baden-Württemberg verwenden außer Pfullendorf auch die zeitweiligen Reichsstädte Sinsheim und Waibstadt, beide im Rhein-Neckar-Kreis, das unveränderte Reichswappen.

PFULLINGEN

PFULLINGEN, Stadt, *Lkr. Reutlingen.* – Wappen: In Blau unter einer liegenden schwarzen Hirschstange ein silberner Pfulben (Kissen) mit goldenen (gelben) Quasten an den vier Zipfeln und unterem rotem Vorstoß. – Flagge: Blau-Weiß-Rot (Blau-Silber-Rot).

Der seit 1699 als Stadt geltende Flecken führte schon im frühesten, im Abdruck für das Jahr 1501 belegten Siegel sein „redendes" Wappen mit dem Pfulben (= Pfühl, Kissen) und der herrschaftlich württembergischen Hirschstange. Eine möglicherweise auch auf den Ortsadel zu beziehende Wappendarstellung im 1463 erstellten Chor der Martinskirche zeigt den Pfulben im silbernen Feld eines von Blau, Silber und Rot geteilten Schildes. Um 1600 tritt zeitweilig ein roter Schildgrund und ein auch später noch belegtes goldenes Schildhaupt mit der Hirschstange auf, doch hat sich die jetzige Form 1934 endgültig durchgesetzt. Eine Wappensage bringt die „redende" Wappenfigur mit einem „Federmarkt" in Verbindung.

PLIEZHAUSEN, *Lkr. Reutlingen*. – Wappen: In Gold (Gelb) unter einer liegenden schwarzen Hirschstange eine aufgerichtete grüne Eichel mit zwei grünen Blättern am grünen Stiel. – Flagge: Grün-Gelb (Grün-Gold).

Nach der Eingliederung von Dörnach und Gniebel vereinigte sich die frühere Gemeinde Pliezhausen am 9. Mai 1975 mit Rübgarten zur neuen Gemeinde Pliezhausen. Wie der Name wurde nachgehends auch das seit 1930 belegte Pliezhauser Wappen von der neuen Gemeinde übernommen. Die württembergische Hirschstange erinnert an die jahrhundertelange gemeinsame Zugehörigkeit aller Ortsteile zu Württemberg, während die Eichel auf die Pliezhauser Waldungen und ihren einstmals großen Eichenbestand hinweist. Das Landratsamt Reutlingen hat das Wappen und die Flagge am 20. Februar 1976 verliehen.

PLIEZHAUSEN

RAMMINGEN, *Alb-Donau-Kreis*. – Wappen: In Rot ein aufgerichteter, schwarz gehörnter silberner (weißer) Widder (Ramm). – Flagge: Weiß-Rot (Silber-Rot).

Seit dem Jahre 1938 ist das Wappen des ehemaligen Ortsadelsgeschlechts der Herren von Rammingen im Siegel der gleichnamigen Gemeinde nachgewiesen. Es zeigt den „Ramm" – alte Bezeichnung für einen Widder – als „redende" Wappenfigur. Seit 1954 sind auch die Farben des Gemeindewappens nach dem Vorbild des Adelswappens festgelegt. Das Landratsamt Alb-Donau-Kreis hat das Wappen samt der Flagge am 4. Juni 1982 verliehen.

RAMMINGEN

RANGENDINGEN, *Zollernalbkreis*. – Wappen: In Gold (Gelb) ein aufgerichteter schwarzer Bär, der in den Vorderpranken einen roten Ast mit drei nach rechts gerichteten grünen Lindenblättern hält. – Flagge: Rot-Gelb (Rot-Gold).

In Abdrücken von 1784 und 1798 ist ein Siegel der Marktgemeinde belegt. Das nicht heraldisch aufgefaßte Siegelbild zeigt einen auf einem Boden stehenden Mann, der in der Rechten einen langen, oben belaubten Stab hält. Zwei auf der linken Seite des Mannes abgebildete kleine Gegenstände sind nicht identifiziert. Das Bild bezieht sich vielleicht auf den im Seelbuch von 1466 als Wohltäter des Dorfes erwähnten Ritter Heinrich von Lindach, für den noch bis zur Mitte des 19. Jh. ein Jahrtag gehalten wurde. In dem vom Innenministerium am 9. Februar 1970 mit der Flagge verliehenen Wappen soll der Lindenzweig an diesen Ritter erinnern. Der Bär ist das Attribut des Kirchenpatrons St. Gallus. Als Wappentier des Klosters St. Gallen weist er auch auf dessen um das Jahr 800 belegten Besitz im Ort hin.

RANGENDINGEN

RATSHAUSEN

RATSHAUSEN, *Zollernalbkreis.* – Wappen: In Rot eine mit der Spitze nach oben zeigende silberne (weiße) Maurerkelle. – Flagge: Weiß-Rot (Silber-Rot).

Das in seiner Form auf das 19. Jh. zurückgehende, bis 1930 im Gebrauch befindliche Schultheißenamtssiegel enthielt einen bekränzten Ovalschild mit der Maurerkelle. Dieses Werkzeug soll daran erinnern, daß viele Einwohner vor der Jahrhundertwende in den Sommermonaten als Maurer auswärts ihr Brot verdienen mußten. Nach Festlegung der an die frühere Zugehörigkeit zur Grafschaft Hohenberg erinnernden Farben wurde das Wappen vom Innenministerium Württemberg-Hohenzollern am 27. März 1950 verliehen. Die Flaggenverleihung erfolgte am 21. Mai 1981 durch das Landratsamt Zollernalbkreis.

RAVENSBURG

RAVENSBURG, Stadt, *Lkr. Ravensburg.* – Wappen: In Silber (Weiß) auf gemauerter blauer Konsole eine doppeltürmige blaue Burg mit hochgezogenem Fallgatter; zwischen den Zinnentürmen ein blauer Schild, darin ein silbernes (weißes) Kreuz mit Tatzenenden. – Flagge: Blau-Weiß (Blau-Silber).

Die auf den Namen der ehemaligen Reichsstadt zu beziehende „Burg" erscheint im 12. Jh. auf Münzen, seit dem 13. Jh. auch in Siegeln. Das älteste, in einem Abdruck von 1270 überlieferte städtische Siegel läßt auch schon das Schildchen mit dem Kreuz erkennen, dessen Bedeutung nicht sicher bekannt ist. Der Überlieferung zufolge soll es an Konradin von Hohenstaufen als König von Jerusalem erinnern. Es wird aber auch mit Herzog Welf IV. in Verbindung gebracht, der als Kreuzfahrer gestorben ist.

RECHTENSTEIN

RECHTENSTEIN, *Alb-Donau-Kreis.* – Wappen: In Silber (Weiß) ein durchgehendes rotes Kreuz, belegt mit einem goldenen (gelben) Herzschild, darin drei gestürzte schwarze Wolfsangeln übereinander. – Flagge: Rot-Weiß (Rot-Silber).

In den dreißiger Jahren dieses Jh. nahm die Gemeinde ein Wappen in ihre Dienstsiegel auf, das den einem Deutschordenskreuz aufgelegten gevierten Schild der Freiherren beziehungsweise Grafen von Stain zum Rechtenstein enthielt. Als Vorlage für diese Darstellung hatte offenbar das Wappen eines dem Deutschen Orden angehörenden Mitglieds des Ortsadelsgeschlechts gedient. Mit Beratung durch die Archivdirektion Stuttgart wurde daraus das jetzige Gemeindewappen entwickelt. Es verbindet das rote Georgskreuz als Hinweis auf den Ortskirchenpatron mit dem Stammwappen des Ortsadels. Das Innenministerium hat das Wappen und die Flagge am 3. August 1957 verliehen.

REUTLINGEN, Stadt, *Lkr. Reutlingen.* – Wappen: In Gold (Gelb) der rot bezungte schwarze Reichsadler, belegt mit einem von Schwarz, Rot und Silber (Weiß) geteilten Brustschild. – Flagge: Schwarz-Rot-Weiß (Schwarz-Rot-Silber).

REUTLINGEN

Wie viele andere Reichsstädte führte auch Reutlingen zunächst nur den Reichsadler ohne individuelles Beizeichen in den Stadtsiegeln, deren ältestes für das Jahr 1243 belegt ist. Im eigentlichen Stadtwappen wurde der Reichsadler um die Mitte des 15. Jh. über einem von Schwarz, Rot und Silber geteilten Schildfuß abgebildet. In einem 1516 abgedruckten Siegel steht ein zweimal geteilter Schild zwischen den Fängen des Adlers. Während der kurzfristigen württembergischen Besetzung im Jahre 1519 befahl Herzog Ulrich die Führung eines von Gold, Rot und Silber geteilten Schildes, in dessen goldenem Feld eine liegende schwarze Hirschstange erschien. Später dominierten wieder die früheren Wappen-Bestandteile, wobei der mehrfach geteilte Schild teils allein, teils in Verbindung mit dem Adler – seit dem 17. Jh. meist als Brustschild – abgebildet wurde. Nach vorübergehenden Wechseln (um 1560: in Rot zwei silberne Balken) behaupteten sich die Stadtfarben Schwarz-Rot-Silber (Weiß).

RIEDERICH, *Lkr. Reutlingen.* – Wappen: In Grün zwischen zwei goldenen (gelben) Schrägbalken drei goldene (gelbe) Garnspindeln aneinander. – Flagge: Gelb-Grün (Gold-Grün).

Auf Grund eines Vorschlags der Archivdirektion Stuttgart vom 6. November 1924 nahm die Gemeinde eine Abwandlung des apokryphen Wappens der Grafen von Achalm (vergleiche das Wappen des Lkr. Reutlingen) an. Nach Verzicht auf die goldenen Sterne blieb vom letzteren der grüne Schild mit den beiden goldenen Schrägbalken, die im Gemeindewappen an die frühere Zugehörigkeit zur Grafschaft Achalm erinnern. Auf die jetzige Industrie- und Pendlergemeinde, insbesondere auf die ortsansässige Textilindustrie, beziehen sich die drei goldenen Garnspindeln. Das Innenministerium hat die Flagge am 30. August 1974 verliehen.

RIEDERICH

RIEDHAUSEN, *Lkr. Ravensburg.* – Wappen: In Rot ein rechtshin gebogen aufspringender silberner (weißer) Fisch. – Flagge: Weiß-Rot (Silber-Rot).

Als Wappen der ortsadeligen Herren von Riedhausen ist in der um 1340 entstandenen Züricher Wappenrolle der rote Schild mit dem aufspringenden silbernen Fisch überliefert. Nachdem der Gemeinderat beschlossen hatte, das Wappen dieses ausgestorbenen Geschlechts wieder aufzunehmen, ist es zusammen mit der Flagge am 3. Juli 1980 durch das Landratsamt Ravensburg verliehen worden.

RIEDHAUSEN

RIEDLINGEN

RIEDLINGEN, Stadt, *Lkr. Biberach*. – Wappen: In gespaltenem Schild vorne in Rot ein silberner (weißer) Balken, überdeckt von zwei schräg gekreuzten goldenen (gelben) Rudern, hinten in Gold (Gelb) ein roter Löwe. – Flagge: Rot-Weiß (Rot-Silber).

Die Ruder und der Löwe sind in den Stadtsiegeln seit dem Jahre 1303 belegt. In der Mitte des 16. Jh. kam der österreichische „Bindenschild" in der vorderen Schildhälfte hinzu. Die beiden Ruder machen das Wappen in bezug auf die frühere Schreibung des Stadtnamens „Rudelingen" zu einem „redenden". Der rote Löwe auf goldenem Grund ist das Wappenbild der Habsburger. Er weist – ebenso wie der „Bindenschild" – darauf hin, daß die Stadt von der Wende des 13. zum 14. Jh. bis 1805 österreichisch gewesen ist. Die Flaggenfarben Rot-Weiß sind seit 1882 nachgewiesen.

RÖMERSTEIN

RÖMERSTEIN, *Lkr. Reutlingen*. – Wappen: Über einem doppelreihig von Schwarz und Silber (Weiß) geschachten Schildfuß in Blau ein nach oben fliegender goldener (gelber) Sperber. – Flagge: Weiß-Blau (Silber-Blau).

Am 1. Januar 1975 wurde durch Vereinigung von Böhringen, Donnstetten und Zainingen die Gemeinde Römerstein gebildet. In ihrem Wappen soll der Sperber, ein typischer Albvogel, an die Lage des Gemeindegebietes auf der Hochfläche der mittleren Alb erinnern. In Verbindung mit dem vom geschachten Wappen der Herren von Sperberseck abgeleiteten Schildfuß soll diese Figur aber zugleich auf die historischen Beziehungen zu diesem Geschlecht und zu dessen nahe dem namengebenden Römerstein gelegener Stammburg hinweisen. Das Landratsamt Reutlingen hat das Wappen und die Flagge am 24. August 1977 verliehen.

ROSENFELD

ROSENFELD, Stadt, *Zollernalbkreis*. – Wappen: In Rot eine fünfblättrige, golden (gelb) besamte silberne (weiße) Rose mit grünen Kelchblättern. – Flagge: Weiß-Rot (Silber-Rot).

Nach Eingliederung von vier Orten vereinigte sich die alte Stadt Rosenfeld am 1. Januar 1975 mit Heiligenzimmern und Leidringen zur neuen Stadt Rosenfeld. Diese nahm sowohl das in Siegelabdrücken seit 1372 belegte „redende" Wappen ihrer gleichnamigen Vorgängerin als auch deren Flaggenfarben wieder auf. Das Landratsamt Zollernalbkreis hat das Wappen samt der Flagge am 11. Mai 1976 verliehen.

ROT AN DER ROT, *Lkr. Biberach.* – Wappen: In Rot ein aufgerichteter silberner (weißer) Greif, mit den Vorderpranken ein gleicharmiges silbernes (weißes) Kreuz mit Tatzenenden haltend. – Flagge: Weiß-Rot (Silber-Rot).

Nach der Eingliederung zweier Orte in die frühere Gemeinde Rot an der Rot hat sich diese am 1. Januar 1975 mit Haslach zur neuen Gemeinde Rot an der Rot vereinigt, die das Wappen ihrer gleichnamigen kommunalen Vorgängerin wieder aufnahm. Sowohl der Greif als auch das Kreuz sind von der Wappentradition der ehemaligen Prämonstratenserreichsabtei Rot an der Rot abgeleitet, die auch in den meisten Teilorten Besitz hatte. Das Landratsamt Biberach hat das Wappen und die Flagge am 24. Juni 1977 verliehen.

ROT AN DER ROT

ROTTENACKER, *Alb-Donau-Kreis.* – Wappen: In Gold (Gelb) über gefurchtem rotem Boden (Acker) ein schräger roter Rechen.

Auf Grund eines für das Jahr 1803 belegten Siegels der Vogtei Rottenacker schlug die Archivdirektion Stuttgart im Jahre 1926 das „redende" Wappen vor. Der Rechen scheint als eine Art Fleckenzeichen gegolten zu haben, denn er wurde – zusammen mit einem Laubzweig – auch in dem vermutlich um 1820 beschafften Prägesiegel des Schultheißenamts Rottenacker über dem württembergischen Staatswappen abgebildet. Seit 1930 führt die Gemeinde das jetzige Wappen in ihren Dienstsiegeln.

ROTTENACKER

ROTTENBURG AM NECKAR, Stadt, *Lkr. Tübingen.* – Wappen: Von Silber (Weiß) und Rot geteilt. – Flagge: Weiß-Rot (Silber-Rot).

Der älteste bekannte Stadtsiegelabdruck von 1282 zeigt bereits den geteilten Schild der Grafen von Hohenberg als der Stadtgründer. Wie bei anderen ehemals hohenbergischen Städten, wie zum Beispiel Haigerloch und Horb, wurde dieses herrschaftliche Bildkennzeichen schließlich als das Stadtwappen angesehen. In dieser Eigenschaft überdauerte es auch hier den Übergang an Österreich im Jahre 1381 und alle späteren Herrschaftswechsel. In den ersten Jahrzehnten des 20. Jh. war in verschiedenen städtischen Dienstsiegeln irrtümlich das Wappen der ehemaligen Reichsstadt Rothenburg ob der Tauber abgebildet worden, das eine zweitürmige Burg zeigt. Dieser Irrtum ist wohl durch die gleichartige Schreibung beider Städtenamen in alten Wappenbüchern verursacht worden.

ROTTENBURG AM NECKAR

SALEM

SALEM, *Bodenseekreis*. – Wappen: In Blau ein doppelreihig von Silber (Weiß) und Rot geschachter Schrägbalken (Zisterzienserbalken), überdeckt von einem aus dem Unterrand emporkommenden goldenen (gelben) Abtsstab mit nach links gewendeter Krümme, von einem s-förmigen silbernen (weißen) Velum umschlungen. – Flagge: Gelb-Blau (Gold-Blau).

Die am 1. April 1972 durch Vereinigung von acht früheren Kommunen gebildete und bis 1975 durch Eingliederung von drei weiteren Orten vergrößerte Gemeinde hielt bei der Festlegung ihres Wappens an den vom Wappen der ehemaligen Zisterzienserabtei Salem abgeleiteten Figuren fest, die seit 1895 auch den Schild der früheren Gemeinde Salem geziert hatten. Im Hinblick auf die engen historischen Beziehungen zu der genannten Abtei vermag dieses Schildbild auch das jetzige Gemeindegebiet zu repräsentieren. An die Stelle des heraldisch fehlerhaften goldenen Schildes des früheren Gemeindewappens trat bei der Neufestlegung ein blauer. Das Innenministerium verlieh das Wappen samt der Flagge am 12. Oktober 1973.

ST. JOHANN

ST. JOHANN, *Lkr. Reutlingen*. – Wappen: In Blau ein steigendes silbernes (weißes) Roß vor einer abgeschnittenen goldenen (gelben) Ähre mit goldenen (gelben) Grannen. – Flagge: Weiß-Blau (Silber-Blau).

Nach Eingliederung eines Ortes in die frühere Gemeinde Würtingen wurde durch deren Vereinigung mit vier weiteren Orten am 1. Januar 1975 eine neue Gemeinde gleichen Namens gebildet. Seit dem 1. September 1976 trägt diese den Namen des 1767 entstandenen württembergischen Gestüts St. Johann, auf das sich das steigende silberne Roß im Wappen bezieht. Die Ähre symbolisiert die Landwirtschaft als die gemeinsame wirtschaftliche Grundlage in der Geschichte aller sechs Gemeindeteile. Das Landratsamt Reutlingen hat das Wappen und die Flagge am 30. März 1977 verliehen.

SAULDORF

SAULDORF, *Lkr. Sigmaringen*. – Wappen: In einem durch Wellenschnitt von Silber (Weiß) und Blau geteilten Schild oben ein schräger blauer Schlüssel, dessen Bart aus drei linksgewendeten Haken besteht; unten ein schwimmender, flugbereiter silberner (weißer) Schwan. – Flagge: Blau-Weiß (Blau-Silber).

Die am 1. Januar 1974 durch Vereinigung von sechs Orten unter dem Namen „Wasser" gebildete und am 25. Juni 1974 in „Sauldorf" umbenannte Gemeinde hat ein Wappen festgelegt, das Bestandteile aus den Wappen ihrer Rechtsvorgängerinnen miteinander vereinigt. Dabei stehen der Schlüssel für die frühere Gemeinde Sauldorf, die drei Haken für Boll, die Wellenteilung für Wasser, der Schwan für Rast und die Flügel für Bietingen und Krumbach. Das Landratsamt Sigmaringen hat das Wappen und die Flagge am 28. Juni 1983 verliehen.

SAULGAU, Stadt, *Lkr. Sigmaringen.* – Wappen: In Silber (Weiß) auf grünem Dreiberg ein blau bewehrter und blau bezungter roter Löwe, der sich an einer aus dem Unterrand emporkommenden schwarzen Säule aufrichtet. – Flagge: Rot-Weiß (Rot-Silber).

Das in einem Abdruck von 1273 belegte älteste bekannte Stadtsiegel zeigt bereits die im volksetymologischen Sinne „redende", einem Steigbaum ähnelnde Säule und den Löwen, der damals möglicherweise noch als das Wappentier der Truchsessen von Waldburg-Warthausen, die die Stadt bis 1299 besaßen, verstanden worden ist. Nach dem Verkauf an Österreich in dem genannten Jahr wurde der schon in der ersten farbigen Wappenabbildung von 1483 rot tingierte, mit blauer Zunge und Bewehrung versehene Löwe sehr wahrscheinlich als das habsburgische Wappentier interpretiert. Der Gemeinderat hat durch Beschluß vom 25. Juni 1925 den Dreiberg als zusätzliche Wappenfigur festgeschrieben. Die blaue Zunge und Bewehrung des Löwen wurde zeitweilig weggelassen.

SAULGAU

SCHEER, Stadt, *Lkr. Sigmaringen.* – Wappen: In Rot unter einem silbernen (weißen) Fisch (Huchen) eine mit den geöffneten Schneiden nach oben gekehrte silberne (weiße) Schneiderschere, darunter ein sechsstrahliger goldener (gelber) Stern. – Flagge: Blau-Rot.

Das in einem Abdruck von 1310 überlieferte älteste bekannte Siegel der Stadt weist bereits die „redende" Schere samt dem die Lage an der Donau symbolisierenden Fisch und dem – wie bei Sigmaringen als habsburgisches Beizeichen gedeuteten – Stern auf. Anstelle des letzteren, der teils unter teils zwischen den Schneiden der Schere dargestellt wurde, erscheinen in Siegeln des 15. bis 19. Jh. Rosen. Zeitweilig – nachgewiesen seit 1925 – wurde der silberne Fisch in einem blauen Schildhaupt abgebildet, so daß der Schild die regelwidrige Farbenverbindung von Blau und Rot aufwies, die bis heute noch in der Stadtflagge erscheint. Das Wappen wurde indessen wieder auf seine älteste bekannte Gestalt zurückgeführt. Dies ist vom Innenministerium am 24. März 1969 zur Kenntnis genommen worden.

SCHEER

SCHELKLINGEN, Stadt, *Alb-Donau-Kreis.* – Wappen: Von Rot und Silber (Weiß) fünfmal schräglinks geteilt. – Flagge: Rot-Weiß (Rot-Silber).

Die Grafen von Berg-Schelklingen, deren hiesige Marktsiedlung seit 1234 als Stadt belegt ist, führten einen fünfmal von Rot und Silber schräg geteilten Schild, der zunächst unverändert in den Schelklinger Stadtsiegeln abgebildet worden ist. Wie bei dem vom selben Herrschaftswappen abgeleiteten Bildkennzeichen der Stadt Ehingen traten zeitweilig drei Balken an die Stelle der fünffachen Schrägteilung. Zur Unterscheidung vom Ehinger Stadtwappen setzte sich in Schelklingen im 17. Jh. die Schräglinksteilung durch. Die am 1. Juli 1974 durch Vereinigung mit Schmiechen gebildete neue Stadt Schelklingen, in der überdies sechs eingegliederte Orte aufgegangen sind, griff auf das Wappen und die Flagge ihrer gleichnamigen Vorgängerin zurück. Beide wurden vom Landratsamt am 31. Januar 1980 verliehen.

SCHELKLINGEN

SCHEMMERHOFEN

SCHEMMERHOFEN, *Lkr. Biberach.* – Wappen: In gespaltenem Schild vorne in Gold (Gelb) drei aus dem Unterrand wachsende schwarze Schilfkolben nebeneinander, hinten in Rot ein aus dem Unterrand emporkommender, mit der Krümme nach links gekehrter goldener (gelber) Abtsstab, um dessen Schaft sich der goldene (gelbe) Großbuchstabe S schlingt. – Flagge: Gelb-Rot (Gold-Rot).

Die Schilfkolben im Wappen der am 1. August 1972 durch Vereinigung von vier Orten gebildeten und hernach durch Eingliederung von drei weiteren Orten vergrößerten Gemeinde beziehen sich auf den ersten Bestandteil des Gemeindenamens, der mit „Schiemen" = Schilfrohr in Verbindung gebracht wird. Gold und Schwarz sind die Wappenfarben der Grafen von Stadion, die als Inhaber der Herrschaft Warthausen in den meisten Gemeindeteilen eine Rolle spielten. Der Abtsstab und das S erinnern an einstigen Besitz von Klöstern – vorab Salem –, der Buchstabe auch an den des Biberacher Spitals. Das Landratsamt hat das Wappen und die Flagge am 23. Mai 1978 verliehen.

SCHLIER

SCHLIER, *Lkr. Ravensburg.* – Wappen: In Silber (Weiß) ein roter Löwe, im rechten roten Obereck eine rechte silberne (weiße) Verkehrthand (Schwurhand).

Auf Vorschlag der Archivdirektion Stuttgart legte der Gemeinderat am 3. August 1954 das Wappen fest. Der Löwe ist eine der Wappenfiguren des Benediktinerklosters Weingarten, das hier schon früh Besitz hatte und seit dem 14. Jh. Hauptbesitzer in Schlier war. Die im Wappen vorkommenden Farben Rot-Silber-Rot weisen auch auf Österreich hin, dessen Landvogtei Schwaben die Oberhoheit über den größten Teil des Gemeindegebietes ausgeübt hat. Im rechten Obereck erscheint – in ausgetauschten Farben – die Hand aus dem Wappen der Herren von Ankenreute, die im Weiler Oberankenreute ihren Sitz hatten. Das Wappen wurde von der Landesregierung am 23. Februar 1955 verliehen.

SCHNÜRPFLINGEN

SCHNÜRPFLINGEN, *Alb-Donau-Kreis.* – Wappen: In Rot ein silbernes (weißes) Hirschgeweih mit silbernem (weißem) Grind, aus dem eine silberne (weiße) Tanne wächst. – Flagge: Weiß-Rot (Silber-Rot).

Das von der Gemeinde vorgeschlagene Wappen soll auf die waldreiche Umgebung hinweisen, die im Volksmund „Holzstöcke" genannt wird. Das Innenministerium hat dieses Wappen zusammen mit der daraus abgeleiteten Flagge am 21. Dezember 1956 verliehen.

SCHÖMBERG, Stadt, *Zollernalbkreis.* – Wappen: In von Silber (Weiß) und Rot geteiltem Schild oben eine liegende schwarze Hirschstange. – Flagge: Weiß-Rot (Silber-Rot).

Am 1. Februar 1973 wurde durch Vereinigung der bisherigen Stadt Schömberg mit Schörzingen die neue Stadt Schömberg gebildet. Beide Stadtteile hatten bis 1805 zur Grafschaft Hohenberg gehört, deren von Silber und Rot geteilter Schild schon das frühere, im Siegelabdruck 1278 erstmals belegte Stadtwappen geprägt hatte. Nach dem Übergang an Württemberg im Jahre 1805 war die württembergische Hirschstange hinzugefügt worden. Sie dient auch als Unterscheidungsmerkmal gegenüber den Wappen der Hohenberg-Städte Haigerloch, Horb und Rottenburg am Neckar. Die neue Stadt Schömberg griff auf das Wappen ihrer gleichnamigen Vorgängerin zurück. Es wurde ihr mit der Flagge am 1. Oktober 1976 vom Landratsamt verliehen.

SCHÖMBERG

SCHWENDI, *Lkr. Biberach.* – Wappen: In einem von Blau und Silber (Weiß) gevierten Schild eine schräglinke silberne (weiße) Raute. – Flagge: Weiß-Blau (Silber-Blau).

Freiherr Franz von und zu Schwendi verlieh dem Gericht Schwendi am 24. Oktober 1659 das obige Wappen, dessen Farben samt der Raute von seinem Stammwappen abgeleitet sind. Dieses Wappen war noch 1925 im Schultheißenamtssiegel zu sehen, wurde aber hernach durch das vollständige Schildbild der Herren von Schwendi ersetzt, das in Blau einen oben und unten von silbernen Rauten begleiteten goldenen Balken zeigt. Erst im Jahre 1965 griff die Gemeinde wieder auf ihr ursprüngliches Wappen zurück, das ihr vom Innenministerium am 12. Juli 1965 zusammen mit der Flagge verliehen wurde.

SCHWENDI

SCHWENNINGEN, *Lkr. Sigmaringen.* – Wappen: In Gold (Gelb) ein schwarzer Zickzackbalken mit drei nach unten weisenden Zacken. – Flagge: Schwarz-Gelb (Schwarz-Gold).

Das Dorf Schwenningen gehörte seit dem Spätmittelalter lange Zeit zur Herrschaft Werenwag. Deshalb setzte die Gemeinde im Jahre 1896 auf Rat des Generallandesarchivs Karlsruhe das Wappen der im frühen 16. Jh. ausgestorbenen Ritter von Werenwag in ihren Schild. Das Landratsamt Sigmaringen hat die vom Wappen abgeleitete Flagge am 29. August 1983 verliehen.

SCHWENNINGEN

SEEKIRCH

SEEKIRCH, *Lkr. Biberach.* – Wappen: In Gold (Gelb) über blauem Wellenschildfuß eine rote Kirche mit rechtsstehendem Zwiebelturm. – Flagge: Blau-Gelb (Blau-Gold).

Die Kirche und der Wellenschildfuß, letzterer als das heraldische Kürzel für den Begriff „See" und somit auch für den früher bis hierher reichenden Federsee, machen das Wappen „redend". Es wurde vom Landratsamt Biberach am 24. Februar 1982 zusammen mit der Flagge verliehen.

SETZINGEN

SETZINGEN, *Alb-Donau-Kreis.* – Wappen: In einem von Silber (Weiß) und Schwarz gespaltenen Schild vorne eine abgeschnittene grüne Kornähre mit zwei vom grünen Halm ausgehenden grünen Blättern. – Flagge: Grün-Weiß (Grün-Silber).

Schwarz und Silber sind die Wappenfarben der ehemaligen Reichsstadt Ulm, wie auch des Deutschen Ordens. Im Schild des Wappens von Setzingen sollen sie daran erinnern, daß die Gemeinde 1383 an Ulm verkauft worden ist und daß der Deutsche Orden 1454 etwa die Hälfte der Grundherrschaft erworben hat. Die Kornähre weist darauf hin, daß Setzingen zu den stärker landwirtschaftlich orientierten Gemeinden zählt. Der Ministerrat Württemberg-Baden hat das Wappen am 14. Juli 1948 verliehen. Die Verleihung der Flagge durch das Landratsamt erfolgte am 15. Januar 1982.

SIGMARINGEN

SIGMARINGEN, Stadt, *Lkr. Sigmaringen.* – Wappen: In Rot ein stehender goldener (gelber) Hirsch, oben rechts ein sechsstrahliger goldener (gelber) Stern. – Flagge: Gelb-Rot (Gold-Rot).

Für 1316 ist der erste Abdruck eines vermutlich im 13. Jh. entstandenen Stadtsiegels belegt, dessen Dreieckschild bereits den Stern und den stehenden Hirsch enthält. Dieses Wappen wurde mit dem Grafen Gebhard von Sigmaringen-Peutengau (1247–1253), den man den bayerischen Grafen von Hirschberg zurechnete, in Verbindung gebracht. Im Stern wird ein habsburgisches Beizeichen vermutet. Seit dem späten 14. Jh. wurde der Hirsch in den Stadtsiegeln zeitweilig auch springend dargestellt. Die seit 1483 im Hirsch-Wappen der Grafschaft Sigmaringen belegte Schildfarbe Rot war im Stadtsiegel vorübergehend durch Blau ersetzt worden. In Siegeln des 19. Jh. wurde dem Stern im Wappen ein Mond gegenübergestellt. Er war in früheren Siegeln als Ornament außerhalb des Schildes abgebildet. Seit der letzten Jahrhundertwende gilt wieder das Schildbild von 1316.

SIGMARINGENDORF, *Lkr. Sigmaringen.* – Wappen: In geteiltem Schild oben von Rot und Gold (Gelb) schräglinks geteilt, darunter ein goldener (gelber) Hammer und goldener (gelber) Schlägel schräg gekreuzt, darunter eine liegende rote Pflugschar (neuere Form), in der roten unteren Schildhälfte ein stehender goldener (gelber) Hirsch. – Flagge: Gelb-Rot (Gold-Rot).

SIGMARINGENDORF

Von 1727 bis 1948 sind Gemeindesiegel belegt, die das Bild der Kirchenpatrone Petrus und Paulus aufweisen. Das vom Innenministerium Württemberg-Hohenzollern am 28. Januar 1949 verliehene Wappen ist ganz in den Farben Gold und Rot der Grafschaft Sigmaringen gehalten, deren Wappenfigur überdies die untere Schildhälfte des Gemeindewappens ziert. In der oberen Schildhälfte bezieht sich das Hammer- und Schlägel-Symbol auf das 1707 gegründete Hüttenwerk Laucherthal, während die Pflugschar auf die Landwirtschaft weist. Das Landratsamt Sigmaringen hat die Flagge am 5. Oktober 1978 verliehen.

SIPPLINGEN, *Bodenseekreis.* – Wappen: In Silber (Weiß) ein roter Löwe, die Brust belegt mit einer schräglinken natürlichen Rechthand, mit der rechten Pranke einen aus dem Unterrand wachsenden goldenen (gelben) Weinstock mit drei goldenen (gelben) Trauben und drei grünen Blättern, mit der linken ein blaues Rebmesser haltend. – Flagge: Rot-Weiß (Rot-Silber).

SIPPLINGEN

Erzherzog Ferdinand von Österreich stellte der Gemeinde am 14. Dezember 1582 einen Wappenbrief aus, der nach zeitweiliger Vergessenheit um die letzte Jahrhundertwende wieder entdeckt wurde. Seither führt Sipplingen wieder dieses Wappen, das den roten Löwen seiner ehemaligen habsburgischen Herrschaft mit Symbolen für den einst bedeutenden Weinbau verbindet. Die Hand wird als Sinnbild der Treue zum Hause Habsburg beziehungsweise als Zeichen seiner Gunst gedeutet. Das Innenministerium hat die Flagge am 7. Dezember 1957 verliehen.

SONNENBÜHL, *Lkr. Reutlingen.* – Wappen: In Blau über einem goldenen (gelben) Hügel eine goldene (gelbe) Sonne mit 16 im Wechsel aufeinander folgenden geraden und s-förmig gebogenen goldenen (gelben) Strahlen. – Flagge: Gelb-Blau (Gold-Blau).

SONNENBÜHL

Aus der Vereinigung von Erpfingen, Genkingen, Undingen und Willmandingen entstand am 1. Januar 1975 eine neue Gemeinde, die seither den Namen Sonnenbühl führt. Die Figuren Sonne und Hügel = Bühl machen das Wappen in bezug auf den Gemeindenamen „redend". Gleichzeitig werden sie mit dem Feriendorf „Sonnenmatte" und anderen Erholungseinrichtungen des Luftkurorts Erpfingen in Verbindung gebracht. Das Landratsamt Reutlingen hat das Wappen und die Flagge am 30. März 1977 verliehen.

STAIG

STAIG, *Alb-Donau-Kreis.* – Wappen: In von Silber (Weiß) und Rot erhöht geteiltem Schild oben eine fünfzackige rote Heidenkrone mit drei blauen Steinen im Stirnreif, unten aus dem Unterrand emporkommend ein 1:2 gequaderter silberner (weißer) Steinberg, aus dem ein goldener (gelber) Rebzweig mit zwei goldenen (gelben) Blättern wächst. – Flagge: Gelb-Rot (Gold-Rot).

Nach Eingliederung von Steinberg in die Gemeinde Weinstetten nahm diese 1972 den Namen Staig an. Am 10. Januar 1976 ging schließlich aus einer Vereinigung mit Altheim ob Weihung die neue Gemeinde Staig hervor. Alle drei in ihr aufgegangenen ehemaligen Gemeinden hatten eine sogenannte Heidenkrone im Wappen geführt. Sie erinnert auch im neuen Wappen an die gemeinsamen Beziehungen der drei Ortsteile zur Grafschaft Kirchberg, aus deren Wappen sie abgeleitet ist. Darüber hinaus wird Steinberg durch seine „redende" Wappenfigur und Weinstetten durch den Rebzweig repräsentiert. Das Landratsamt hat das Wappen und die Flagge am 7. Februar 1979 verliehen.

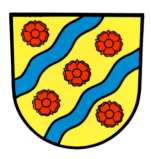

STARZACH

STARZACH, *Lkr. Tübingen.* – Wappen: In goldenem (gelbem) Schild zwei schräglinke blaue Wellenleisten, begleitet außen von je einer, innen von drei fünfblättrigen roten Rosen. – Flagge: Blau-Gelb (Blau-Gold).

Im Wappen der 1972 aus der Vereinigung von Bierlingen, Felldorf und Wachendorf hervorgegangenen und in der Folge noch durch Eingliederung von Börstingen und Sulzau vergrößerten Gemeinde Starzach erinnern die beiden schräglinken blauen Wellenleisten an die das Gemeindegebiet begrenzenden und auch im Gemeindenamen angesprochenen Flüßchen Starzel und Eyach. Die von den heraldischen Traditionen Bierlingens und Sulzaus abgeleiteten roten Rosen stehen in ihrer Zahl für die fünf Ortsteile der neuen Gemeinde. Das Landratsamt Tübingen hat das Wappen samt der Flagge am 6. Oktober 1982 verliehen.

STEINHAUSEN AN DER ROTTUM

STEINHAUSEN AN DER ROTTUM, *Lkr. Biberach.* – Wappen: In Rot ein aus dem Unterrand emporkommendes, gemauertes silbernes (weißes) Steinhaus (Giebelseite) mit rundbogigem schwarzem Tor und sechs schartenartigen Fenstern. – Flagge: Weiß-Rot (Silber-Rot).

In den Jahren zwischen 1930 und 1939 hat die Gemeinde die naturalistische Abbildung einer Feldkapelle als Siegelbild in ihre Dienstsiegel aufgenommen. Nach der Überlieferung wurde eine frühere Pfarrkirche 1392 abgebrochen und an der Stelle der offenen Feldkapelle „zum Steinhaus" neu gebaut. An diese Bezeichnung und damit an den Gemeindenamen erinnert das Bild des am 4. Februar 1969 vom Innenministerium zusammen mit der Flagge verliehenen Wappens.

STETTEN, *Bodenseekreis.* – Wappen: In Blau schräg gekreuzt ein goldenes (gelbes) Schwert und ein goldener (gelber) Schlüssel mit nach oben und außen weisendem Bart.

In Gemeindesiegeln des 19. Jh. erscheint ein Zeichen, dessen Stab unten mit einem Sparren, oben mit einem Andreaskreuz beheftet ist. Dabei hat es sich möglicherweise um ein Fleckenzeichen gehandelt. Im Jahre 1902 schlug das Generallandesarchiv in Karlsruhe vor, die Attribute der heiligen Petrus und Paulus, die die Patrone der Stettener Kapelle sind, in einen Wappenschild zu setzen. Ein Jahr später nahm die Gemeinde das Wappen in der jetzigen Form an.

STETTEN

STETTEN AM KALTEN MARKT, *Lkr. Sigmaringen.* – Wappen: In von Silber (Weiß) und Rot geviertem Schild ein durchgehendes, geschliffenes, von Rot und Silber (Weiß) geviertes Kreuz. – Flagge: Weiß-Rot (Silber-Rot).

Nachdem Storzingen schon 1972 in die frühere Gemeinde Stetten am kalten Markt eingegliedert worden war, entstand am 1. Januar 1975 durch Vereinigung der letzteren mit Frohnstetten und Glashütte (Baden) die neue Gemeinde Stetten am kalten Markt. Diese griff auf das Wappen ihrer gleichnamigen Vorgängerin zurück. Dieses um die letzte Jahrhundertwende entstandene Bildkennzeichen vermag auch die übrigen Gemeindeteile zu repräsentieren. Dabei erinnern die hohenbergischen Farben Silber und Rot an die historischen Beziehungen von Frohnstetten und Stetten zur Grafschaft Hohenberg. Während das Kreuz ursprünglich nur auf ehemaligen Besitz des Klosters Reichenau in Stetten bezogen worden ist, kann es jetzt als Hinweis auf die Klöster bzw. Stifte Buchau, Meßstetten, Salem und St. Gallen in den verschiedenen Gemeindeteilen verstanden werden. Das Landratsamt Sigmaringen hat das Wappen und die Flagge am 17. August 1978 verliehen.

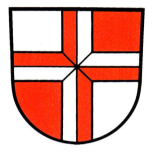

STETTEN AM KALTEN MARKT

STRASSBERG, *Zollernalbkreis.* – Wappen: In gespaltenem Schild vorne in Silber (Weiß) ein durchgehendes rotes Kreuz, hinten in Rot ein silberner (weißer) Henkelkrug. – Flagge: Rot-Weiß (Rot-Silber).

Das Innenministerium Württemberg-Hohenzollern verlieh der Gemeinde am 26. Juni 1950 das Wappen, dessen vordere Hälfte das sogenannte „Adelindiskreuz" aus dem Wappen des Stifts Buchau enthält. Es erinnert daran, daß Straßberg ein buchauisches Lehen und von 1625 bis 1803 sogar ein vom Stift selbst verwaltetes Amt gewesen ist. Der Henkelkrug ist das Attribut der Straßberger Kirchenpatronin St. Verena. Das Innenministerium hat die Flagge am 17. Juli 1968 verliehen.

STRASSBERG

TANNHEIM

TANNHEIM, *Lkr. Biberach*. – Wappen: In Blau auf grünem Dreiberg drei silberne (weiße) Tannen. – Flagge: Weiß-Blau (Silber-Blau).

Im Jahre 1939 führte die Gemeinde die jetzigen „redenden" Wappenfiguren im Siegelbild. Die Wappenfarben sind offenbar erst nach dem Zweiten Weltkrieg festgelegt worden. Das Innenministerium hat das Wappen zusammen mit der Flagge am 27. Juni 1963 verliehen.

TETTNANG

TETTNANG, Stadt, *Bodenseekreis*. – Wappen: In Silber (Weiß) ein aufspringender schwarzer Hund mit roter Zunge, goldenem (gelbem) Halsband und goldenem (gelbem) Ring daran. – Flagge: Schwarz-Weiß (Schwarz-Silber).

Seit 1469 sind Abdrücke von Stadtsiegeln belegt, die als Wappenfigur einen Hund zeigen. Eine überzeugende Deutung dieser Figur ist bislang nicht bekannt. Vermutlich handelt es sich um ein frei gewähltes Symbol. Ursprünglich war ein aufgerichteter Bracke mit hängenden Ohren dargestellt worden, doch wechselte seine Gestalt seit dem 18. Jh. verschiedentlich. Um die Jahrhundertwende erschien ein laufender Windhund in den Siegeln. Inzwischen ist das Schildbild den älteren Vorlagen wieder etwas angenähert worden.

TIEFENBACH

TIEFENBACH, *Lkr. Biberach*. – Wappen: Über blauem Schildfuß, darin ein silberner (weißer) Fisch, in Gold (Gelb) drei abgeschnittene grüne Ähren nebeneinander, die seitlichen nach außen geneigt. – Flagge: Grün-Gelb (Grün-Gold).

Die bäuerliche Gemeinde legte ein Wappen fest, dessen oberer Teil auf die Landwirtschaft hinweist, während sich der untere Teil auf die geographische Lage am Nordostrand des Federseebeckens bezieht. Das Landratsamt Biberach hat dieses Wappen zusammen mit der Flagge am 2. April 1981 verliehen.

TROCHTELFINGEN, Stadt, *Lkr. Reutlingen*. – Wappen: In gespaltenem Schild vorne in Rot eine aufgerichtete goldene (gelbe) Hirschstange, hinten in Silber (Weiß) ein schwarzes Hochkreuz mit rechtshin geschweifter Fußspitze. – Flagge: Schwarz-Weiß (Schwarz-Silber).

Nach Eingliederung zweier Orte in die frühere Stadt Trochtelfingen wurde am 1. Januar 1975 durch Vereinigung der letzteren mit Mägerkingen und Steinhilben die neue Stadt Trochtelfingen gebildet. Während die Orte Hausen an der Lauchert und Mägerkingen zur Zeit ihrer kommunalen Selbständigkeit die schwarze württembergische und Wilsingen die rote veringische Hirschstange im Wappen geführt hatten, nahm die neue Stadt Trochtelfingen eine goldene Hirschstange in ihr Wappen auf. Da die heraldischen Regeln den Anstoß des veringischen goldenen Schildfeldes an das silberne der Stadt Trochtelfingen ausschließen, sind die veringischen Wappenfarben gegeneinander vertauscht worden. Das „fliegende Kreuz" war schon im Wappen der alten Stadt zu sehen. Die Farben Schwarz und Silber repräsentieren die einst hohenzollerischen Stadtteile Steinhilben und Trochtelfingen. Wappen und Flagge wurden am 28. April 1977 vom Landratsamt verliehen.

TROCHTELFINGEN

TÜBINGEN, Stadt, *Lkr. Tübingen*. – Wappen: In Gold (Gelb) an drei roten Trageringen eine dreilatzige rote Fahne. Auf dem Schild zwei schräg gekreuzte, mit roten, golden geschlitzten Puffärmeln bekleidete Männerarme, die zwei mit den Spitzen aufwärts zeigende schwarze Hirschstangen halten. – Flagge: Rot-Gelb (Rot-Gold).

Der älteste bekannte Abdruck eines Stadtsiegels stammt aus dem Jahr 1272. Es enthält – wie auch die Siegel der pfalzgräflichen Städte Böblingen und Herrenberg – das Wappen der Stadtherren mit dem dreilatzigen „Gonfanon" als dem Würdezeichen der Pfalzgrafen von Tübingen. Vom Herrschaftswappen zum Stadtwappen geworden, überdauerte es den Verkauf von Stadt und Amt an Württemberg im Jahre 1342 ohne Veränderung. Das eigenartige „Oberwappen", das zwei die württembergischen Hirschstangen hochhaltende Landsknechtsarme zeigt, verlieh Herzog Ulrich von Württemberg am 18. August 1514 als besonderes Ehrenzeichen für die im Aufstand des „Armen Konrad" bewiesene Treue der Stadt.

TÜBINGEN

ÜBERLINGEN, Stadt, *Bodenseekreis*. – Wappen: In Gold (Gelb) ein schwarzer Adler mit goldenem (gelbem) Brustschild, darin ein golden (gelb) gekrönter und golden (gelb) bewehrter roter Löwe. – Oberwappen: Aus dem Spangenhelm mit goldener (gelber) Helmkrone wachsend ein golden (gelb) gekrönter und bewehrter roter Löwe, in der rechten Pranke ein bloßes (stahlblaues) Schwert mit goldenem (gelbem) Griff haltend; Helmdecken: Rot-Gold (Rot-Gelb). – Flagge: Rot-Gelb (Rot-Gold).

Die zunächst staufische, dann reichsunmittelbare Stadt führte schon Mitte des 13. Jh. den Reichsadler im Siegel. Kaiser Karl V. verlieh ihr am 3. Februar 1528 das jetzige gebesserte Wappen mit dem habsburgischen Löwen im Brustschild des Adlers. Nach der Mediatisierung (1803) trat im Brustschild vorübergehend das badische Wappen an die Stelle des habsburgischen. Das hierzulande in der Kommunalheraldik selten vorkommende Oberwappen wurde im Wappenbrief von 1528 bereits als Teil des noch nicht gebesserten Wappens beschrieben.

ÜBERLINGEN

UHLDINGEN-MÜHLHOFEN

UHLDINGEN-MÜHLHOFEN, *Bodenseekreis*. – Wappen: Von Rot und Silber (Weiß) sechsfach geständert, in den roten Feldern je eine sechsblättrige silberne (weiße) Rose, in den silbernen (weißen) Feldern je drei blaue Wellenleisten übereinander. – Flagge: Weiß-Rot (Silber-Rot).

Die Gemeinde wurde am 1. Januar 1972 durch Vereinigung von Mühlhofen, Oberuhldingen und Unteruhldingen gebildet. Im Wappen sollen die drei roten Felder mit den drei silbernen Rosen an diese Orte erinnern. Ihre Lage am Wasser, nämlich am Bodensee beziehungsweise an der Aach, wird durch die silbernen Felder mit den blauen Wellenleisten angedeutet. Das Innenministerium hat das Wappen samt der Flagge am 16. August 1973 verliehen.

UMMENDORF

UMMENDORF, *Lkr. Biberach*. – Wappen: In Gold (Gelb) ein blauer Schräglinksbalken, belegt mit drei gestürzten, kreuzförmig eingebrochenen silbernen (weißen) Lindenblättern. – Flagge: Blau-Gelb (Blau-Gold).

Ursprünglich wurde dieses Wappen von der Ortsadelsfamilie der Herren von Ummendorf geführt. In rotem Schild mit goldenem Schräglinksbalken und grünen Lindenblättern sowie einem auf den ehemaligen Ochsenhausener Prälatensitz hinweisenden Abtsstab wurde es 1930 von der Gemeinde übernommen, die jedoch 1938 auf den letzteren verzichtet und die jetzigen Farben festgelegt hat. In der jetzigen Gestalt wurde das Wappen vom Innenministerium am 7. Juni 1957 bestätigt. Gleichzeitig ist die Flagge verliehen worden.

UNLINGEN

UNLINGEN, *Lkr. Biberach*. – Wappen: In Gold (Gelb) auf grünem Dreiberg ein golden (gelb) bewehrter, rot bezungter schwarzer Adler, der mit dem angehobenen rechten Fang einen golden (gelb) gerahmten roten Kartuschenschild, darin ein silberner (weißer) Balken, emporhält. – Flagge: Rot-Weiß-Rot (Rot-Silber-Rot).

Kaiser Leopold hat das Gemeindewappen am 9. Dezember 1682 verliehen. Es zeigt sowohl den Reichsadler als auch den österreichischen „Bindenschild". Beide Wappenfiguren weisen auf den kaiserlichen Ortsherrn und Verleiher des Wappens hin. Die dreibahnige Flagge war nach Belegen der Gemeinde schon vor der Einführung der Deutschen Gemeindeordnung im Gebrauch.

UNTERMARCHTAL, *Alb-Donau-Kreis.* – Wappen: In Blau drei schräglinks übereinander liegende silberne (weiße) Wolfsfangeisen (Dietriche). – Flagge: Weiß-Blau (Silber-Blau).

UNTERMARCHTAL

Vor dem Zweiten Weltkrieg war in Briefaufdrucken und Stempeln der Gemeinde ein Allianzwappen mit Helmen, Helmzierden und -decken zu sehen. Sein vorderer Schild zeigte einen gekrönten Löwenrumpf, der – ohne heraldisch begründet zu sein – als Hinweis auf frühere Ortsherren angesehen wurde. Ein hausmarkenähnliches Zeichen, das den Buchstaben M mit einem Kreuz, einem Dreiberg und einer Pflugschar verband, erschien im hinteren Schild, der mit dem Kloster Untermarchtal und seiner Landwirtschaft in Verbindung gebracht wurde. Am 4. August 1948 verlieh das Innenministerium Württemberg-Hohenzollern der Gemeinde eine Abwandlung des Familienwappens der Freiherrn von Speth, die den Ort 1442 erworben hatten. Dabei wurden die drei silbernen „Wolfsfangeisen", die Dietrichen ähneln, absichtlich schräglinks (statt schräg) auf den blauen Schildgrund (statt des roten im Familienwappen) gesetzt. Das Landratsamt hat die Flagge am 17. Februar 1982 verliehen.

UNTERSTADION, *Alb-Donau-Kreis.* – Wappen: In Gold (Gelb) über einem blauen Wellenbalken ein schwarzer Römerhelm, darunter eine schwarze Wolfsangel. – Flagge: Blau-Gelb (Blau-Gold).

UNTERSTADION

Der blaue Wellenbalken ist das Symbol für den Stehbach, dessen breite Talwanne – eine eiszeitliche Schmelzwasserrinne – die Markung durchzieht und nach dem der Ort 1665 „Unterstehen" genannt wurde. Der Legionärshelm soll an die römische Heerstraße erinnern, die zum Teil die Markungsgrenze bildet. Die schwarze Wolfsangel in Gold ist die Wappenfigur der Herren von Stain und – in vertauschten Farben – die der Herren von Stadion, die beide Teile von Unterstadion innehatten. Das Landratsamt Alb-Donau-Kreis hat das Wappen und die Flagge am 15. März 1979 verliehen.

UNTERWACHINGEN, *Alb-Donau-Kreis.* – Wappen: In geteiltem Schild oben in Silber (Weiß) ein roter Doppelhaken (N mit spitzen Enden), unten in Rot schräg gekreuzt ein silberner (weißer) Schlüssel (Bart oben, nach außen) und ein silbernes (weißes) Schwert. – Flagge: Rot-Weiß (Rot-Silber).

UNTERWACHINGEN

Der geteilte Schild enthält in seiner oberen Hälfte das Wappen der Herren von Emerkingen, zu deren Herrschaft Unterwachingen im 13. Jh. gehörte, bis es, zunächst pfand-, dann kaufweise, an das Kloster Obermarchtal überging. Schlüssel und Schwert in der unteren Schildhälfte sind Wappenfiguren dieses Klosters und erinnern im Gemeindewappen an dessen bis 1803 während Herrschaft über den Ort. Wappen und Flagge sind noch nicht verliehen.

UNTERWALDHAUSEN

UNTERWALDHAUSEN, *Lkr. Ravensburg.* – Wappen: In Gold (Gelb) aus grünem Dreiberg wachsend, ein in der Form einer Abtsstab-Krümme linkshin gebogener grüner Lindenzweig, aus dem fünf grüne Lindenblätter sprießen. – Flagge: Grün-Gelb (Grün-Gold).

Das Schildbild ist vom Siegel des Peter Maigenberg von 1372 abgeleitet. Es spricht die historischen Beziehungen des Ravensburger Bürgergeschlechts der Maigenberger zur Pfarrei Unterwaldhausen an. Die an eine Abtsstab-Krümme erinnernde Form des Lindenzweiges weist zugleich auf das Kloster Weingarten hin, das seit dem 13. Jh. hier Grundherr gewesen ist. Zur besseren Unterscheidung von dem ähnlich geformten Weinstock in der Wappentradition des Klosters und der Stadt Weingarten wurde die „Krümme" des Lindenzweigs im Wappen von Unterwaldhausen nach heraldisch links gewendet. Das Landratsamt Ravensburg hat das Wappen und die Flagge am 22. August 1980 verliehen.

UTTENWEILER, *Lkr. Biberach.*
Die nach Eingliederung zweier Orte durch Vereinigung von fünf Orten am 1. Oktober 1974 gebildete Gemeinde hat bis zum Redaktionsschluß noch kein Wappen festgelegt.

UTTENWEILER

VERINGENSTADT

VERINGENSTADT, Stadt, *Lkr. Sigmaringen.* – Wappen: In Gold (Gelb) unter einer liegenden roten Hirschstange ein roter Löwe. – Flagge: Rot-Gelb (Rot-Gold).

Das in Abdrücken seit 1357 belegte erste bekannte Stadtsiegel zeigt den Löwen vor einer aufgerichteten Hirschstange. Bei dem Löwen dürfte es sich um die Wappenfigur des Hauses Habsburg handeln, das den Ort 1280 erworben und fünf Jahre später mit dem Marktrecht ausgestattet hat. Die rote Hirschstange ist die Wappenfigur des Ortsadels der Grafen von Veringen, die den Ort zuvor besessen und im 14. Jh. nochmals als Pfand innegehabt haben. In der Folge wechselten Stellung und Gestaltung der beiden Wappenfiguren mehrfach, wobei der Löwe auch auf einem Dreiberg oder „schreitend", die Hirschstange unter anderem auch sechsendig, rechtshin liegend, oder in einem Schildhaupt dargestellt wurden. Die heutige Fassung setzte sich 1947 endgültig durch.

VOGT, *Lkr. Ravensburg.* – Wappen: In Schwarz ein steigendes goldenes (gelbes) Roß mit rotem Zaumzeug, auf dem ein bärtiger Mann mit goldenem (gelbem) Gewand und Hut sowie roten Stulpenstiefeln (Vogt) reitet. – Flagge: Schwarz-Gelb (Schwarz-Gold).

Nach dem Zweiten Weltkrieg verwendete das Bürgermeisteramt Vogt einen Farbdruckstempel, dessen nicht heraldisch aufgefaßtes Bild Christus als den Guten Hirten zeigte. Seit 1949 bemühte sich die Gemeinde um die Gestaltung eines Wappens. Dabei wählte sie als Wappenfigur den reitenden Vogt aus, der als Hinweis auf den Gemeindenamen verstanden wird und zugleich daran erinnern soll, daß die Oberhoheit über das Gemeindegebiet früher vorwiegend der Landvogtei Schwaben zukam. Am 22. Februar 1951 hat das Innenministerium Württemberg-Hohenzollern dieses Wappen, am 26. Juni 1981 das Landratsamt die Flagge verliehen.

VOGT

WAIN, *Lkr. Biberach.* – Wappen: In Rot unter einem erhöhten silbernen (weißen) Sparren eine fünfblättrige silberne (weiße) Rose, belegt mit einem herzförmigen roten Schildchen, darin ein lateinisches silbernes (weißes) Kreuz (Lutherrose). – Flagge: Weiß-Rot (Silber-Rot).

Der Sparren ist dem Wappen des Ortsadelsgeschlechts der Herren von Wain entnommen, während die Lutherrose darauf hinweisen soll, daß in Wain im 17. Jh. evangelische Glaubensflüchtlinge aus Kärnten und der Steiermark Aufnahme gefunden haben. Die österreichischen Farben Rot-Silber-Rot wurden als Hinweis auf die Herkunft dieser Exulanten übernommen. Das Innenministerium hat das Wappen und die Flagge am 29. August 1967 verliehen.

WAIN

WALD, *Lkr. Sigmaringen.* – Wappen: In gespaltenem Schild vorne in Schwarz ein doppelreihig von Rot und Silber (Weiß) geschachter Schrägbalken (Zisterzienserbalken), hinten in Silber (Weiß) auf grünem Dreiberg eine rote Fenster-Raute (Weck). – Flagge: Weiß-Schwarz (Silber-Schwarz).

Im ehemaligen Zisterzienserinnenkloster Wald befinden sich mehrere Darstellungen des Ordenswappens mit dem Zisterzienserbalken und des „redenden" Wappens des Klosterstifters Burkhard von Weckenstein. Beide Schildbilder verband Pater Tutilo von Beuron um 1930 in einem Entwurf, der von der Gemeinde angenommen und vom Landrat in Sigmaringen genehmigt wurde. Da der schwarze Grund des Ordenswappens nach der Farbregel nicht an den roten des Weckensteinschen Wappens stoßen darf, wurden die Farben des letzteren ausgetauscht. Das Landratsamt Sigmaringen hat die Flagge am 6. August 1976 verliehen.

WALD

WALDBURG

WALDBURG, *Lkr. Ravensburg.* – Wappen: Unter rotem Schildhaupt, darin ein goldener (gelber) Reichsapfel, in Gold (Gelb) drei schreitende, rot bezungte, hersehende schwarze Löwen (Leoparden) übereinander. – Flagge: Grün-Gelb (Grün-Gold).

Das Schultheißenamtssiegel enthielt im Jahre 1930 eine naturalistische Abbildung des auf der Gemeindemarkung liegenden Schlosses Waldburg. Nach dem Zweiten Weltkrieg erschien dieses unheraldische Motiv auch in einer schildförmigen Umrahmung im Gemeindedienstsiegel. Bei der Festlegung ihres Wappens wählte die Gemeinde im Einvernehmen mit dem fürstlichen Hause Waldburg-Wolfegg-Waldsee Figuren aus dem fürstlichen Wappen. Aus diesem Wappen hätten sich zunächst die schon vom Land geführten Flaggenfarben Schwarz-Gelb ergeben, doch entschied sich die Gemeinde für die Farbenverbindung Grün-Gelb. Die Landesregierung hat das Wappen samt der Flagge am 14. Februar 1955 verliehen.

WALDDORFHÄSLACH

WALDDORFHÄSLACH, *Lkr. Reutlingen.* – Wappen: Unter rotem Schildhaupt, darin drei schräge goldene (gelbe) Haselnüsse, in Gold (Gelb) ein schräg aufspringender schwarzer Marder. – Flagge: Rot-Gelb (Rot-Gold).

Die früheren Gemeinden Walddorf und Häslach vereinigten sich am 1. April 1972 zur neuen Gemeinde Walddorfhäslach. Wie die Namen der beiden Orte wurden im Wappen der neuen Gemeinde auch deren wichtigste Wappenfiguren miteinander verbunden. Dabei repräsentiert der aufspringende Marder den Ortsteil Walddorf, dessen Einwohner in der Umgebung mit dem Übernamen „Marder" belegt werden. Drei goldene Haselnüsse sind das heraldische Symbol des Ortsteils Häslach, dessen Name von Haselgebüsch abgeleitet wird. Das Innenministerium hat das Wappen und die Flagge am 16. April 1974 verliehen.

WANGEN IM ALLGÄU

WANGEN IM ALLGÄU, Stadt, *Lkr. Ravensburg.* – Wappen: Unter rotem Schildhaupt, darin drei linksgewendete bartlose silberne (weiße) Männerköpfe („Wangen") nebeneinander, gespalten, vorne in Silber (Weiß) ein halber, rot bewehrter und rot bezungter schwarzer Adler am Spalt, hinten in Silber (Weiß) eine blaue Lilie. – Flagge: Rot-Weiß (Rot-Silber).

Schon das für das Jahr 1312 nachgewiesene früheste Siegel der Stadt enthält sämtliche Motive des Stadtwappens. Die drei „Wangen" sollen auf den Namen hinweisen und das Wappen „redend" machen. Der Adler bezieht sich auf die Reichsunmittelbarkeit, während es sich bei der Lilie vielleicht um ein Zeichen des Gerichts- und Friedensbannes handelt. In den seit 1507 belegten farbigen Darstellungen des Wappens steht der Reichsadler im silbernen Feld. Nach allerlei Abwandlungen und Vereinfachungen setzte sich dieses Wappen seit dem 18. Jh. in der jetzt gebräuchlichen Form durch.

WANNWEIL, *Lkr. Reutlingen.* – Wappen: In Rot auf grünem Hügel eine silberne (weiße) Turmruine, um deren Fuß sich, aus dem schwarzen Tor heraus, eine golden (gelb) gekrönte silberne (weiße) Schlange windet. – Flagge: Weiß-Rot (Silber-Rot).

Das im Jahre 1926 mit Beratung der Archivdirektion Stuttgart gestaltete Wappen bezieht sich auf die örtliche Sage, wonach eine Schlange den in einer Turmruine verborgenen Schatz bewacht. Am 16. Januar 1956 hat die Landesregierung sowohl das Wappen als auch die von diesem abgeleitete Flagge verliehen.

WANNWEIL

WARTHAUSEN, *Lkr. Biberach.* – Wappen: Unter goldenem (gelbem) Schildhaupt, darin eine gestürzte schwarze Wolfsangel, in Schwarz zwei schräg gekreuzte goldene (gelbe) Lilienstäbe mit bewurzelten Stielen. – Flagge: Gelb-Schwarz (Gold-Schwarz).

Im Dienstsiegel der Gemeinde war 1956 eine von einem Pfahlgerüst getragene, mittels einer Leiter besteigbare Warte (Warthaus) als „redende" Wappenfigur abgebildet. Diese Figur war vom Wappen der Schad von Mittelbiberach, früheren Inhabern der Herrschaft Warthausen, abgeleitet. Bei der Gestaltung des vom Innenministerium am 2. Dezember 1960 zusammen mit der Flagge verliehenen Wappens wurden statt dessen die Lilienstäbe aus dem Wappen der Herren von Warthausen mit einer in vertauschten Farben ins Schildhaupt gesetzten Wolfsangel aus dem Wappen der Grafen von Stadion verbunden. Die letzteren besaßen die Herrschaft von 1696 bis 1826.

WARTHAUSEN

WEIDENSTETTEN, *Alb-Donau-Kreis.* – Wappen: In Silber (Weiß) auf grünem Dreiberg ein grüner Weidenbaum mit schwarzem Stamm. – Flagge: Grün-Weiß (Grün-Silber).

Mit Beratung durch die Archivdirektion Stuttgart hat die Gemeinde im Jahre 1930 ihr „redendes" Wappen angenommen. Die daraus abgeleitete Flagge hat das Landratsamt Alb-Donau-Kreis am 31. März 1976 verliehen.

WEIDENSTETTEN

WEILEN UNTER DEN RINNEN

WEILEN UNTER DEN RINNEN, *Zollernalbkreis.* – Wappen: In Rot ein silberner (weißer) Balken, belegt mit einem achtstrahligen roten Stern zwischen den roten Großbuchstaben V und R. – Flagge: Weiß-Rot (Silber-Rot).

Farbabdrücke eines Prägesiegels, das dem Stil nach in den Jahren um 1830 für das Schultheißenamtssiegel angefertigt worden ist, lassen den Schild mit dem Balken erkennen. Es handelt sich um den rot-silber-roten österreichischen Bindenschild, der in die Zeit der von 1381 bis 1805 währenden österreichischen Ortsherrschaft zurückweist. Wie das in ähnlicher Weise mit Girlanden geschmückte Wappen am Rathaus dürfte auch das Prägesiegel schon die im Farbabdruck nicht erkennbaren Initialen einer altertümlichen Schreibung des Gemeindenamens (V für W) samt dem Beizeichen des Sterns enthalten haben. Vermutlich ist dieses Wappen noch im 18. Jh. entstanden, in dem auch der Namenszusatz „unter den Rennen" (später: Rinnen) aufgekommen ist. Das Landratsamt hat die Flagge am 4. Juli 1983 verliehen.

WEINGARTEN

WEINGARTEN, Stadt, *Lkr. Ravensburg.* – Wappen: Geviert mit goldenem (gelbem) Herzschild, darin auf grünem Dreiberg ein grüner Weinstock in Form einer Abtsstab-Krümme mit vier nach außen weisenden grünen Blättern und einer in der Krümme hängenden blauen Traube; Feld 1: in Rot ein linksgewendeter silberner (weißer) Löwe, der in den Vorderpranken ein goldenes (gelbes) Schildchen mit doppelköpfigem schwarzem Adler hält; Feld 2: in Silber (Weiß) ein roter Löwe, der in den Vorderpranken ein rotes Schildchen mit silbernem (weißem) Balken hält; Feld 3: in Silber (Weiß) ein linksgewendeter roter Löwe; Feld 4: in Rot ein silberner (weißer) Löwe. – Flagge: Rot-Weiß (Rot-Silber).

Kaiser Karl V. verlieh dem Marktort Altdorf am 20. August 1555 das obige Wappen ohne den Herzschild. Es zeigt je zweimal den habsburgischen Löwen und den Löwen der früheren welfischen Ortsherrschaft. Die beiden oberen Löwen halten Schildchen mit dem doppelköpfigen kaiserlichen Adler und dem Wappen Österreichs. Bei der Vereinigung Altdorfs mit dem ehemaligen Kloster Weingarten unter dessen Namen und der Erhebung zur Stadt kam 1865 der Herzschild mit dem Weinstock aus dem Klosterwappen hinzu.

WESTERHEIM

WESTERHEIM, *Alb-Donau-Kreis.* – Wappen: In Silber (Weiß) zwei schräg gekreuzte schwarze Doppelhaken (die Spitzen jeweils an den Seiten aufwärts und abwärts weisend einander zugekehrt), bewinkelt von vier sechsstrahligen roten Sternen. – Flagge: Schwarz-Rot.

Aus den Jahren um 1800 sind Abdrücke von Prägesiegeln überliefert, die die Umschrift „GERIECHTS INSIEGEL IN WESTERHEIM" und das Gemeindewappen enthalten. Wahrscheinlich handelt es sich bei dem nicht näher gedeuteten Schildbild um ein sogenanntes Fleckenzeichen. 1842 wird in der Literatur ein Schlüssel als Wappenfigur der Gemeinde erwähnt, doch konnte bislang kein entsprechendes Siegel ermittelt werden. Im Jahre 1935 griff die Gemeinde wieder auf ihr ursprüngliches Wappen zurück. Laut Bestätigung ehemaliger Gemeinderäte kann davon ausgegangen werden, daß auch die Gemeindeflagge damals schon geführt wurde.

WESTERSTETTEN, *Alb-Donau-Kreis*. – Wappen: In geteiltem Schild oben von Silber (Weiß) und Rot gespalten, unten Blau. – Flagge: Weiß-Blau (Silber-Blau).

WESTERSTETTEN

Die Gemeinde führte angeblich seit dem späten 19. Jh., sicher aber seit 1929 eine Abwandlung des Wappens der ausgestorbenen Ortsadelsfamilie in ihren Stempeln. Während diese Familie über dem blauen Feld des geteilten Schildes oben vor der Spaltung ein silbernes, hinten ein rotes Feld zum Bildkennzeichen hatte, tauschte die Gemeinde die Farben der beiden oberen Felder zunächst gegeneinander aus. Diese Änderung führte zu einer unerwünschten Übereinstimmung mit dem Wappen der Gemeinde Schechingen, deren Ortsadel mit den Herren von Westerstetten verwandt war. 1956 bestätigte das Innenministerium die deshalb vom Westerstetter Gemeinderat beschlossene Wappenberichtigung. Es hat am 2. August 1974 auch die Flagge verliehen.

WILHELMSDORF, *Lkr. Ravensburg*. – Wappen: In Schwarz eine silberne (weiße) Stufenschrägleiste, darüber eine goldene (gelbe) Bügelkrone, darunter auf goldener (gelber) Konsole eine goldene (gelbe) Burg mit zwei Zinnentürmen. – Flagge: Gelb-Schwarz (Gold-Schwarz).

WILHELMSDORF

Die am 1. Januar 1973 durch Vereinigung von Esenhausen, Pfrungen, Wilhelmsdorf und Zußdorf gebildete neue Gemeinde legte ein Wappen fest, dessen Schild von der in ausgetauschten Farben dargestellten „Heiligenberger Stiege" durchzogen wird. Im Wappen der früheren Gemeinde Pfrungen hatte diese Figur an die Zugehörigkeit zur Grafschaft Heiligenberg erinnert. Die Krone wies schon im früheren Wilhelmsdorfer Wappen darauf hin, daß der Ortsname zu Ehren König Wilhelms I. von Württemberg angenommen worden war. Die Burg geht auf das Esenhauser Wappen zurück. Mit ihrer für das Ravensburger Wappen charakteristischen Konsole weist sie auch auf die zeitweilige Herrschaft der Stadt über Zußdorf hin. Am 1. März 1974 hat das Innenministerium das Wappen und die Flagge verliehen.

WINTERLINGEN, *Zollernalbkreis*. – Wappen: In gespaltenem Schild vorne von Silber (Weiß) und Rot geteilt, hinten in Gold (Gelb) drei schwarze Hirschstangen übereinander. – Flagge: Grün-Weiß-Rot (Grün-Silber-Rot).

WINTERLINGEN

Das bis 1930 verwendete Schultheißenamtssiegel zeigte die Initiale W in einem Laubkranz. Im 1930 eingeführten Stempel des Bürgermeisteramts war der von Silber und Rot geteilte „Hohenberger Schild" von einer bewurzelten grünen Linde überdeckt. Von diesem Wappen ist die gültig gebliebene Flagge abgeleitet. Am 13. Juli 1951 verlieh das Innenministerium Württemberg-Hohenzollern das jetzige Wappen, in dem die von Silber und Rot geteilte Schildhälfte an die um 1264 belegte Oberhoheit der Grafen von Hohenberg erinnert. Die württembergischen Hirschstangen weisen darauf hin, daß der Ort schon 1387 von Württemberg erworben wurde.

WOLFEGG

WOLFEGG, *Lkr. Ravensburg.* – Wappen: In Silber (Weiß) auf goldenem (gelbem) Dreiberg ein schreitender, rot bezungter schwarzer Wolf. – Flagge: Schwarz-Gelb (Schwarz-Gold).

Die Gemeinde legte im Jahre 1922 das Wappen und die Flagge fest. Das „redende" Wappen geht auf das Siegelbild des Ravensburger Geschlechts der Wolfegger zurück, das vermutlich von dem im 12. Jh. belegten Ortsadel der Herren von Wolfegg abstammt.

WOLPERTSWENDE

WOLPERTSWENDE, *Lkr. Ravensburg.* – Wappen: In Blau eine silberne (weiße) Kapelle (polygonaler Zentralbau) mit rotem Kegeldach und schwarzem Kreuz auf der Spitze. – Flagge: Weiß-Blau (Silber-Blau).

Der Gemeinderat hat am 30. Juli 1930 beschlossen, eine vereinfachte Darstellung der örtlichen Gangolf-Kapelle in das Gemeindewappen aufzunehmen. Dem heiligen Gangolf ist nicht nur diese über einer Quelle erbaute Kapelle, sondern auch die Pfarrkirche von Wolpertswende geweiht. Das Landratsamt Ravensburg hat die Flagge am 9. Februar 1982 verliehen.

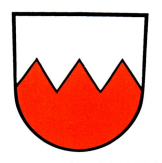

ZIMMERN UNTER DER BURG

ZIMMERN UNTER DER BURG, *Zollernalbkreis.* – Wappen: Mit drei mittleren aufsteigenden Spitzen von Silber (Weiß) und Rot geteilter Schild. – Flagge: Weiß-Rot (Silber-Rot).

Um 1930 nahm die Gemeinde eine in schildförmiger Umrahmung stehende naturalistische Darstellung einer auf hohem Felsen stehenden Burg in ihre Dienstsiegel auf. Zwar schlug die Archivdirektion Stuttgart am 27. November 1933 Farben für dieses Wappen vor, doch kam dieses nicht zur Verleihung. Nach dem Zweiten Weltkrieg übernahm die Gemeinde das Familienwappen der ausgestorbenen Grafen von Sulz, unter deren Herrschaft sie im Mittelalter gestanden hatte. Das Wappen wurde am 8. Juni 1949 vom Innenministerium Württemberg-Hohenzollern, die Flagge am 29. März 1982 vom Landratsamt verliehen.

ZWIEFALTEN, *Lkr. Reutlingen.* – Wappen: In Blau übereinander zwei ineinander verschlungene silberne (weiße) Ringe, die drei Kreissegmente bilden, in denen sieben (3:1:3) sechsstrahlige goldene (gelbe) Sterne erscheinen. – Flagge: Weiß-Blau (Silber-Blau).

Im Schultheißenamtssiegel wurden die späteren Wappenfiguren – allerdings noch ohne Schild – anscheinend schon im 19. Jh. abgebildet. Vermutlich sollen die zwei verschlungenen Ringe auf den Gemeindenamen hinweisen, während die sieben Sterne vom Wappen des ehemaligen Klosters Zwiefalten abgeleitet sind. Die Farben des Wappens sind mit Beratung durch die Archivdirektion Stuttgart in der Sitzung des Gemeinderats am 15. Dezember 1933 festgelegt worden. Das Landratsamt Reutlingen hat die Flagge am 9. März 1982 verliehen.

ZWIEFALTEN

KREISINDEX

KREISINDEX

Dieser Index ohne Seitenangaben enthält die Stadt- und die Landkreise in alphabetischer Reihenfolge mit Angabe der jeweils zugehörigen Gemeinden. Die durch die Gemeindereform bis 1975 unselbständig gewordenen Gemeinden sind in Klammern hinzugefügt.

Alb-Donau-Kreis

Allmendingen (Ennahofen, Grötzingen, Niederhofen, Weilersteußlingen)
Altheim
Altheim (Alb)
Amstetten (Bräunisheim, Hofstett-Emerbuch, Reutti, Schalkstetten, Stubersheim)
Asselfingen

Ballendorf
Balzheim (Oberbalzheim, Unterbalzheim)
Beimerstetten
Berghülen (Bühlenhausen)
Bernstadt
Blaubeuren (Asch, Beiningen, Pappelau, Seißen, Sonderbuch, Weiler)
Blaustein (Arnegg, Bermaringen, Ehrenstein, Herrlingen, Klingenstein, Markbronn, Wippingen)
Börslingen
Breitingen

Dietenheim (Dietenheim, Regglisweiler)
Dornstadt (Bollingen, Dornstadt, Scharenstetten, Temmenhausen, Tomerdingen)

Ehingen (Donau) (Altbierlingen, Altsteußlingen, Berg, Dächingen, Erbstetten, Frankenhofen, Gamerschwang, Granheim, Herbertshofen, Heufelden, Kirchbierlingen, Kirchen, Mundingen, Nasgenstadt, Rißtissen, Schaiblishausen, Volkersheim)
Emeringen
Emerkingen
Erbach (Bach, Dellmensingen, Donaurieden, Ersingen, Ringingen)

Griesingen
Grundsheim

Hausen am Bussen
Heroldstatt (Ennabeuren, Sontheim)
Holzkirch
Hüttisheim

Illerkirchberg (Oberkirchberg, Unterkirchberg)
Illerrieden (Dorndorf, Illerrieden, Wangen)

Laichingen (Feldstetten, Machtolsheim, Suppingen)
Langenau (Albeck, Göttingen, Hörvelsingen)
Lauterach
Lonsee (Ettlenschieß, Halzhausen, Lonsee, Luizhausen, Radelstetten, Urspring)

Merklingen
Munderkingen

Neenstetten
Nellingen (Oppingen)
Nerenstetten

Oberdischingen
Obermarchtal (Reutlingendorf)
Oberstadion (Hundersingen, Moosbeuren, Mundeldingen)
Öllingen
Öpfingen

Rammingen
Rechtenstein
Rottenacker

Schelklingen (Gundershofen, Hausen ob Urspring, Hütten, Ingstetten, Justingen, Schelklingen, Schmiechen, Sondernach)
Schnürpflingen
Setzingen
Staig (Altheim ob Weihung, Steinberg, Weinstetten)

Untermarchtal
Unterstadion
Unterwachingen

Weidenstetten
Westerheim
Westerstetten

Biberach, Landkreis

Achstetten (Bronnen, Oberholzheim, Stetten)
Alleshausen
Allmannsweiler
Altheim (Heiligkreuztal, Waldhausen)

Attenweiler (Attenweiler, Oggelsbeuren, Rupertshofen)

Bad Buchau (Kappel)
Bad Schussenried (Otterswang, Reichenbach bei Schussenried, Steinhausen bei Schussenried)
Berkheim
Betzenweiler
Biberach an der Riß (Mettenberg, Ringschnait, Rißegg, Stafflangen)
Burgrieden (Bühl, Rot bei Laupheim)

Dettingen an der Iller
Dürmentingen (Burgau, Hailtingen, Heudorf am Bussen)
Dürnau

Eberhardzell (Eberhardzell, Füramoos, Mühlhausen, Oberessendorf)
Erlenmoos
Erolzheim
Ertingen (Binzwangen, Erisdorf, Ertingen)

Gutenzell-Hürbel (Gutenzell, Hürbel)

Hochdorf (Hochdorf, Schweinhausen, Unteressendorf)

Ingoldingen (Grodt, Ingoldingen, Muttensweiler, Winterstettendorf, Winterstettenstadt)

Kanzach
Kirchberg an der Iller (Sinningen)
Kirchdorf an der Iller (Oberopfingen)

Langenenslingen (Andelfingen, Billafingen, Dürrenwaldstetten, Egelfingen, Emerfeld, Friedingen, Ittenhausen, Wilflingen)
Laupheim (Baustetten, Bihlafingen, Obersulmetingen, Untersulmetingen)

Maselheim (Äpfingen, Laupertshausen, Sulmingen)
Mietingen (Baltringen, Walpertshofen)
Mittelbiberach (Reute)
Moosburg

Ochsenhausen (Mittelbuch, Reinstetten)
Oggelshausen

Riedlingen (Bechingen, Daugendorf, Grüningen, Neufra, Pflummern, Zell, Zwiefaltendorf)
Rot an der Rot (Ellwangen, Haslach, Rot an der Rot, Spindelwag)

Schemmerhofen (Alberweiler, Altheim, Aßmannshardt, Aufhofen, Ingerkingen, Langenschemmern, Schemmerberg)

Schwendi (Bußmannshausen, Großschafhausen, Orsenhausen, Schönebürg, Sießen im Wald)
Seekirch
Steinhausen an der Rottum (Bellamont, Rottum)

Tannheim
Tiefenbach

Ummendorf (Fischbach)
Unlingen (Dietelhofen, Göffingen, Möhringen, Uigendorf)
Uttenweiler (Ahlen, Dietershausen, Dieterskirch, Oberwachingen, Offingen, Sauggart, Uttenweiler)

Wain
Warthausen (Birkenhard, Höfen)

Bodenseekreis

Bermatingen (Ahausen)

Daisendorf
Deggenhausertal (Deggenhausen, Homberg, Roggenbeuren, Untersiggingen, Urnau, Wittenhofen)

Eriskirch

Frickingen (Altheim, Frickingen, Leustetten)
Friedrichshafen (Ailingen, Ettenkirch, Kluftern, Raderach)

Hagnau am Bodensee
Heiligenberg (Hattenweiler, Heiligenberg, Wintersulgen)

Immenstaad am Bodensee (Kippenhausen)

Kressbronn am Bodensee

Langenargen

Markdorf (Ittendorf, Riedheim)
Meckenbeuren (Kehlen)
Meersburg (Baitenhausen)

Neukirch

Oberteuringen
Owingen (Billafingen, Hohenbodman, Taisersdorf)

Salem (Beuren, Buggensegel, Grasbeuren, Mimmenhausen, Mittelstenweiler, Neufrach, Oberstenweiler, Rickenbach, Salem, Tüfingen, Weildorf)

Sipplingen
Stetten

Tettnang (Langnau, Tannau)

Überlingen (Bambergen, Bonndorf, Deisendorf, Hödingen, Lippertsreute, Nesselwangen, Nußdorf)

Uhldingen-Mühlhofen (Mühlhofen, Oberuhldingen, Unteruhldingen)

Ravensburg, Landkreis

Achberg
Aichstetten (Altmannshofen)
Aitrach
Altshausen
Amtzell
Argenbühl (Christazhofen, Eglofs, Eisenharz, Göttlishofen, Ratzenried, Siggen)
Aulendorf (Blönried, Tannhausen, Zollenreute)

Bad Waldsee (Gaisbeuren, Haisterkirch, Michelwinnaden, Mittelurbach, Reute)
Bad Wurzach (Arnach, Dietmanns, Eintürnen, Gospoldshofen, Haidgau, Hauerz, Seibranz, Unterschwarzach, Ziegelbach)
Baienfurt
Baindt
Berg
Bergatreute
Bodnegg
Boms

Ebenweiler
Ebersbach-Musbach (Ebersbach, Geigelbach, Musbach)
Eichstegen

Fleischwangen
Fronreute (Blitzenreute, Fronhofen)

Grünkraut
Guggenhausen

Horgenzell (Hasenweiler, Kappel, Wolketsweiler, Zogenweiler)
Hoßkirch (Hüttenreute)

Isny im Allgäu (Beuren, Großholzleute, Neutrauchburg, Rohrdorf)

Kißlegg (Immenried, Waltershofen)
Königseggwald

Leutkirch im Allgäu (Diepoldshofen, Friesenhofen, Gebrazhofen, Herlazhofen, Hofs, Reichenhofen, Winterstetten, Wuchzenhofen)

Ravensburg (Adelsreute, Eschach, Schmalegg, Taldorf)
Riedhausen

Schlier

Unterwaldhausen

Vogt

Waldburg
Wangen im Allgäu (Deuchelried, Karsee, Leupolz, Neuravensburg, Niederwangen, Schomburg)
Weingarten
Wilhelmsdorf (Esenhausen, Pfrungen, Wilhelmsdorf, Zußdorf)
Wolfegg
Wolpertswende

Reutlingen, Landkreis

Bad Urach (Hengen, Seeburg, Sirchingen, Wittlingen)

Dettingen an der Erms

Engstingen (Großengstingen, Kleinengstingen, Kohlstetten)
Eningen unter Achalm

Gomadingen (Dapfen, Steingebronn)
Grabenstetten
Grafenberg

Hayingen (Anhausen, Ehestetten, Hayingen, Indelhausen, Münzdorf)
Hohenstein (Bernloch, Eglingen, Meidelstetten, Oberstetten, Ödenwaldstetten)
Hülben

Lichtenstein (Holzelfingen, Honau)

Mehrstetten
Metzingen (Glems, Neuhausen an der Erms)
Münsingen (Apfelstetten, Auingen, Bichishausen, Böttingen, Bremelau, Buttenhausen, Dottingen, Gundelfingen, Hundersingen, Magolsheim, Münsingen, Rietheim, Trailfingen)

Pfronstetten (Aichelau, Aichstetten, Geisingen, Huldstetten, Pfronstetten, Tigerfeld)

Pfullingen
Pliezhausen (Dörnach, Gniebel, Pliezhausen, Rübgarten)

Reutlingen (Altenburg, Bronnweiler, Degerschlacht, Gönningen, Mittelstadt, Oferdingen, Reicheneck, Rommelsbach, Sickenhausen)
Riederich
Römerstein (Böhringen, Donnstetten, Zainingen)

St. Johann (Bleichstetten, Gächingen, Lonsingen, Ohnastetten, Upfingen, Würtingen)
Sonnenbühl (Erpfingen, Genkingen, Undingen, Willmandingen)

Trochtelfingen (Hausen an der Lauchert, Mägerkingen, Steinhilben, Trochtelfingen, Wilsingen)

Walddorfhäslach (Häslach, Walddorf)
Wannweil

Zwiefalten (Gauingen, Mörsingen, Sonderbuch, Upflamör)

Sigmaringen, Landkreis

Beuron (Beuron, Hausen im Tal)
Bingen (Hitzkofen, Hochberg, Hornstein)

Gammertingen (Bronnen, Feldhausen, Harthausen bei Feldhausen, Kettenacker)

Herbertingen (Hundersingen, Marbach, Mieterkingen)
Herdwangen-Schönach (Großschönach, Herdwangen, Oberndorf)
Hettingen (Hettingen, Inneringen)
Hohentengen (Beizkofen, Bremen, Eichen, Enzkofen, Günzkofen, Ölkofen, Ursendorf, Völlkofen)

Illmensee (Illwangen, Ruschweiler)
Inzigkofen (Engelswies, Vilsingen)

Krauchenwies (Ablach, Bittelschieß, Ettisweiler, Göggingen, Hausen am Andelsbach)

Leibertingen (Altheim, Kreenheinstetten, Leibertingen, Thalheim)

Mengen (Beuren, Blochingen, Ennetach, Rosna, Rulfingen)
Meßkirch (Dietershofen, Heudorf bei Meßkirch, Igelswies, Langenhart, Menningen, Rengetsweiler, Ringgenbach, Rohrdorf)

Neufra

Ostrach (Burgweiler, Einhart, Habsthal, Jettkofen, Kalkreute, Laubbach, Levertsweiler, Magenbuch, Ostrach, Spöck, Tafertsweiler, Wangen)

Pfullendorf (Aach-Linz, Denkingen, Gaisweiler, Großstadelhofen, Mottschieß, Otterswang, Zell am Andelsbach)

Sauldorf (Bietingen, Boll, Krumbach, Rast, Sauldorf, Wasser)
Saulgau (Bierstetten, Bolstern, Bondorf, Braunenweiler, Friedberg, Fulgenstadt, Großtissen, Haid, Hochberg, Lampertsweiler, Moosheim, Renhardsweiler, Wolfartsweiler)
Scheer (Heudorf bei Mengen)
Schwenningen
Sigmaringen (Gutenstein, Jungnau, Laiz, Oberschmeien, Unterschmeien)
Sigmaringendorf
Stetten am kalten Markt (Frohnstetten, Glashütte [Baden], Stetten am kalten Markt, Storzingen)

Veringenstadt (Hermentingen, Veringendorf)

Wald (Glashütte, Hippetsweiler, Kappel, Reischach, Riedetsweiler, Rothenlachen, Ruhestetten, Sentenhart, Walbertsweiler)

Tübingen, Landkreis

Ammerbuch (Altingen, Breitenholz, Entringen, Pfäffingen, Poltringen, Reusten)

Bodelshausen

Dettenhausen
Dußlingen

Gomaringen (Stockach)

Hirrlingen

Kirchentellinsfurt
Kusterdingen (Immenhausen, Jettenburg, Kusterdingen, Mähringen, Wankheim)

Mössingen (Öschingen, Talheim)

Nehren
Neustetten (Nellingsheim, Remmingsheim, Wolfenhausen)

Ofterdingen

Rottenburg am Neckar (Bad Niedernau, Baisingen, Bieringen, Dettingen, Eckenweiler, Ergenzingen, Frommenhausen, Hailfingen, Hemmendorf, Kiebingen, Obernau, Oberndorf, Schwalldorf, Seebronn, Weiler, Wendelsheim, Wurmlingen)

Starzach (Bierlingen, Börstingen, Felldorf, Sulzau, Wachendorf)

Tübingen (Bebenhausen, Bühl, Hagelloch, Hirschau, Kilchberg, Pfrondorf, Unterjesingen, Weilheim)

Ulm, Stadtkreis

(Donaustetten, Eggingen, Einsingen, Ermingen, Gögglingen, Jungingen, Lehr, Mähringen, Unterweiler)

Zollernalbkreis

Albstadt (Burgfelden, Ebingen, Laufen an der Eyach, Lautlingen, Margrethausen, Onstmettingen, Pfeffingen, Tailfingen)

Balingen (Balingen, Endingen, Engstlatt, Erzingen, Frommern, Ostdorf, Roßwangen, Stockenhausen, Streichen, Weilstetten, Zillhausen)
Bisingen (Thanheim, Wessingen, Zimmern)
Bitz
Burladingen (Gauselfingen, Hausen im Killertal, Hörschwag, Killer, Melchingen, Ringingen, Salmendingen, Starzeln, Stetten unter Holstein)

Dautmergen
Dormettingen
Dotternhausen

Geislingen (Binsdorf, Erlaheim)
Grosselfingen

Haigerloch (Bad Imnau, Bittelbronn, Gruol, Haigerloch, Hart, Owingen, Stetten bei Haigerloch, Trillfingen, Weildorf)
Hausen am Tann
Hechingen (Bechtoldsweiler, Beuren, Boll, Schlatt, Sickingen, Stein, Stetten bei Hechingen, Weilheim)

Jungingen

Meßstetten (Hartheim, Heinstetten, Hossingen, Oberdigisheim, Tieringen, Unterdigisheim)

Nusplingen

Obernheim

Rangendingen (Bietenhausen, Höfendorf)
Ratshausen
Rosenfeld (Bickelsberg, Brittheim, Heiligenzimmern, Isingen, Leidringen, Rosenfeld, Täbingen)

Schömberg (Schömberg, Schörzingen)
Straßberg (Kaiseringen)

Weilen unter den Rinnen
Winterlingen (Benzingen, Harthausen auf der Scher)

Zimmern unter der Burg

LITERATUR

LITERATUR

Baden und Württemberg

Siebmachersches Großes und Allgemeines Wappenbuch, 1. Bd., 4. Abt.: Wappen der Städte und Märkte in Deutschland und den angrenzenden Ländern, Nürnberg 1856–1885

Hupp, Otto: Deutsche Ortswappen, hg. von Kaffee HAG, Bremen 1926–1939

Baden

Held, Fritz: Wappentafel (I) der 52 badischen Amtshauptstädte, Karlsruhe 1902

Ders.: Wappentafel (II) sämtlicher Stadtrechte besitzender badischer Orte, welche nicht Amtshauptstädte sind, Karlsruhe 1903

Keyser, Erich (Hg.): Badisches Städtebuch (Deutsches Städtebuch IV, 2), Stuttgart 1959

Weech, Friedrich v.: Siegel der badischen Städte, 3 Hefte, Heidelberg 1899–1909

Zier, Hans Georg: Die kommunale Heraldik in Baden. In: Der Archivar, XIV. Jg., 1961, Heft 4, Sp. 369–380

Württemberg

Gönner, Eberhard: Die kommunale Heraldik in Württemberg seit 1806. In: Der Archivar, XIV. Jg., 1961, Heft 4, Sp. 363–368

Ders.: Siegel und Wappen württembergischer und hohenzollerischer Dorfgemeinden vor 1806. In: Neue Beiträge zur südwestdeutschen Landesgeschichte (Festschrift für Max Miller). (Veröff. der Kommission für geschichtl. Landeskunde in Baden-Württemberg, Reihe B, 21. Bd.), Stuttgart 1962, S. 290–308

Pfaff, Karl: Die Siegel und Wappen der württembergischen Städte. In: Württembergische Jahrbücher 1854, 2. Heft, S. 99–206. – Nachtrag in ebd. 1855, 2. Heft, S. 203–206

Keyser, Erich (Hg.): Württembergisches Städtebuch (Deutsches Städtebuch IV, 2), Stuttgart 1962

Das Königreich Württemberg, 3 Bde., Stuttgart 1882–1886

Das Königreich Württemberg, 4 Bde., Stuttgart 1904–1907

Baden-Württemberg

Bardua, Heinz: Neue Kreise – alte Wappen. Traditionen nach der Kreisreform. In: Schwäbische Heimat, 30. Jg., 1979, Heft 2, S. 86–96

Farny, Oskar (Hg.): Die Wappenteppiche im Haus des Landes Baden-Württemberg in Bonn, Stuttgart und Bonn 1956

Gönner, Eberhard: Kommunale Heraldik in Baden-Württemberg. In: Beiträge zur Landeskunde. Regelmäßige Beilage zum Staatsanzeiger für Baden-Württemberg, Nr. 6, Dez. 1972, S. 1–7

Stadler, Klemens: Deutsche Wappen, Bundesrepublik Deutschland, Bd. 8: Die Gemeindewappen des Bundeslandes Baden-Württemberg, Bremen 1971

Regierungsbezirk Tübingen

Das Land Baden-Württemberg. Amtliche Beschreibung nach Kreisen und Gemeinden. Hg. von der Landesarchivdirektion Baden-Württemberg. Bd. VII, Stuttgart 1978

Der Landkreis Balingen. Amtliche Kreisbeschreibung. Hg. vom Statist. Landesamt Baden-Württemberg in Verbindung mit dem Landkreis Balingen. Bd. I, 1960, Bd. II 1961

Der Landkreis Tübingen. Amtliche Kreisbeschreibung. Hg. von der Staatl. Archivverwaltung Baden-Württemberg in Verbindung mit dem Landkreis Tübingen. Bd. I, 1967, Bd. II, Stuttgart 1972, Bd. III, Stuttgart 1974

Der Stadt- und der Landkreis Ulm. Amtliche Kreisbeschreibung. Hg. von der Staatl. Archivverwaltung Baden-Württemberg in Verbindung mit dem Stadtkreis Ulm und dem Landkreis Ulm. Ulm 1972

Der Stadtkreis Ulm. Amtliche Kreisbeschreibung. Hg. von der Landesarchivdirektion Baden-Württemberg in Verbindung mit der Stadt Ulm. Ulm 1977

Kreiswappenbücher:

Gönner, Eberhard: Wappenbuch des Landkreises Sigmaringen (Veröff. der Staatl. Archivverwaltung Baden-Württemberg, Heft 4), Stuttgart 1958

Gönner, Eberhard und Bardua, Heinz: Wappenbuch des Landkreises Wangen (Veröff. der Staatl. Archivverwaltung Baden-Württemberg, Heft 27), Stuttgart 1972

Gönner, Eberhard: Kommunale Siegel und Wappen im ehemaligen Landkreis Hechingen. In: Zeitschrift für Hohenzollerische Geschichte, 12. Jg., 1976, S. 123–158

Bibliographien

Henning, Eckart und Jochums, Gabriele: Bibliographie zur Heraldik. Schrifttum Deutschlands und Österreichs bis 1980. Köln/Wien 1984

Lautenschlager, Friedrich: Bibliographie der badischen Geschichte, Bd. 1–9, Karlsruhe bzw. Stuttgart 1929–1984

Heyd, Wilhelm: Bibliographie der Württembergischen Geschichte, Bd. 1-11, Stuttgart 1895–1974

Schulz, Werner und Stegmaier, Günter: Landesbibliographie von Baden-Württemberg, Bd. 1 ff., Stuttgart 1978 ff.